SCIENCE ET RELIGION
Etudes pour le temps présent

LA BIBLE

DEPUIS

SES ORIGINES JUSQU'A NOS JOURS

PAR

M. l'Abbé Constantin CHAUVIN
Ancien professeur d'Écriture sainte
au grand Séminaire de Laval,
Supérieur du petit Séminaire de Mayenne.

II

LA

BIBLE DANS L'ÉGLISE CATHOLIQUE

PREMIÈRE ÉDITION

PARIS
LIBRAIRIE BLOUD ET BARRAL
4, RUE MADAME ET RUE DE RENNES, 59
1900

SCIENCE ET RELIGION

Études pour le temps présent. — Prix : 0 fr. 60 le vol.

— **Certitudes scientifiques et certitudes philosophiques,** par le R. P. de la Barre, S. J., prof. à l'Institut catholique de Paris. 1 vol.

— *Du même auteur :* **L'Ordre de la nature et le Miracle.** 1 vol.

— **L'Ame de l'homme,** par J. Guibert, supérieur du séminaire de l'Institut catholique de Paris. 1 vol.

— **Faut-il une religion ?** par l'abbé Guyot. 1 vol.

— *Du même auteur* : **Pourquoi y a-t-il des hommes qui ne professent aucune religion ?** 1 vol.

— **Nécessité scientifique de l'existence de Dieu,** par P. Courbet. 1 vol.

— *Du même auteur* : **Jésus-Christ est Dieu.** 1 vol.

id. **Convenance scientifique de l'Incarnation.** 1 vol.

— **Etudes sur la pluralité des mondes habités et le dogme de l'Incarnation,** par le R. P. Ortolan

I. — *L'Epanouissement de la vie organique à travers les plaines de l'infini.* 1 vol.

II. — *Soleils et terres célestes.* 1 vol.

III. — *Les Humanités astrales et l'Incarnation.* 1 vol.

— *Du même auteur* : **La Fausse Science contemporaine et les Mystères d'Outre-tombe.** 1 vol.

id. **Vie et Matière ou Matérialisme et spiritualisme en présence de la Cristallogénie.** 1 vol.

id. **Matérialistes et Musiciens.** 1 vol.

— **L'Au-delà ou la Vie future d'après la foi et la science,** par l'abbé J. Laxenaire. 1 vol.

— **Le Mystère de l'Eucharistie. — Aperçu scientifique,** par l'abbé Constant. 1 vol.

— *Du même auteur :* **Le Mal,** sa nature, son origine, sa réparation. 1 vol.

— **L'Eglise catholique et les Protestants,** par G. Romain. 1 vol.

— *Du même auteur :* **L'Inquisition,** son rôle religieux, politique et social. 1 vol.

— **Mahomet et son œuvre,** par I. L. Gondal, professeur d'apologétique et d'histoire au séminaire Saint-Sulpice. 1 vol.

— *Du même auteur* : **L'Eglise Russe** 1 vol.

— **Christianisme et Bouddhisme** (*Etudes orientales*), par l'abbé Thomas, vicaire général de Verdun. 2 vol.

— *Du même auteur* : **Dieu auteur de la vie.** 1 vol.

id. **La Fin du monde d'après la Foi.** 1 vol.

— **Où en est l'hypnotisme,** son histoire, sa nature et ses dangers, par A. Jeanniard du Dot, auteur du *Spiritisme dévoilé.* 1 vol.

— *Du même auteur* : **Où en est le Spiritisme.** 1 vol.

id. **L'Hypnotisme et la science catholique.** 1 vol.

id. **L'Hypnotisme transcendant en face de la philosophie chrétienne.** 1 vol.

— **L'Apologétique historique au XIXᵉ siècle. La Critique irréligieuse de Renan, etc.**, par l'abbé Ch. Denis. 1 vol.

— **Nature et Histoire de la liberté de conscience**, par l'abbé Canet. 1 vol.

— **L'Animal raisonnable et l'Animal tout court**, par C. de Kirwan. 1 vol.

— **La Conception catholique de l'Enfer**, par l'abbé Brémond. 1 vol.

— **L'Attitude du catholique devant la Science**, par G. Fonsegrive. 1 vol.

— *Du même auteur* : **Le Catholicisme et la Religion de l'Esprit**. 1 vol.

— **Du Doute à la Foi**, par le R. P. Tournebize, S. J. 1 vol.

— *Du même auteur* : **Opinions du jour sur les peines d'outre-tombe.** 1 vol.

— **La Synagogue moderne**, sa doctrine et son culte, par A. F. Saubin. 1 vol.

— *Du même auteur* : **Le Talmud et la Synagogue moderne.** 1 vol.

— **Evolution et Immutabilité de la doctrine religieuse dans l'Eglise**, par M. Prunier, supérieur de grand séminaire. 1 vol.

— **La Religion spirite**, son dogme, sa morale et ses pratiques, par I. Bertrand. 1 vol.

— *Du même auteur* : **L'Occultisme ancien et moderne.** 1 vol.

— **L'Hypnotisme franc et l'Hypnotisme vrai**, par le Docteur Hélot. 1 vol.

— **L'Eglise et le Travail manuel**, par l'abbé Sabatier. 1 vol.

— **Unité de l'espèce humaine**, *prouvée par la similarité des conceptions et des créations de l'homme*, p. le marquis de Nadaillac. 1 vol

— *Du même auteur* : **L'Homme et le Singe.** 2 vol.

— **Le Socialisme contemporain et la Propriété**, par M. G. Ardant. 1 vol.

— **Pourquoi le Roman à la mode est-il immoral et pourquoi le Roman moral n'est-il pas à la mode ?** p. G. d'Azambuja. 1 vol.

— **Comment se sont formés les Evangiles ?** par le P. Th. Calmes, professeur au grand séminaire de Rouen. 1 vol.

— **L'Impôt et les Théologiens**, *Etude philosophique, morale et économique*, par le comte de Vorges, ancien ministre plénipotentiaire, membre de l'Académie de Saint-Thomas, etc., etc. 1 vol.

— *Du même auteur* : **Les Ressorts de la Volonté et le libre arbitre.** 1 vol.

— **Nécessité mathémathique de l'existence de Dieu.** *Explications. — Opinions, Démonstrations*, par René de Cléré. 1 vol.

— **Saint Thomas et la Question juive**, par Simon Deploige, professeur de l'Université Catholique de Louvain. 1 vol.

— **Premiers principes de Sociologie Catholique**, par l'abbé Naudet. 1 vol.

— **La Patrie.** — *Aperçu philosophique et historique*, par J. M. Villefranche. 1 vol.

— **Le Déluge de Noé et les races Prédiluviennes**, par C. de Kirwan. 2 vol.

— **La Saint-Barthélemy**, par Henri Hello. 1 vol.

— **L'Esprit et la Chair.** *Philosophie des macérations*, par Henri Lasserre, auteur de *Notre-Dame de Lourdes*, etc., etc. 1 vol.

— **Le Problème Apologétique,** par l'abbé C. Mano, docteur en philosophie. 1 vol.

— **Le Levier d'Archimède ou la Mécanique céleste et le Céleste mécanicien,** p. le R. P. Ortolan. 2 vol.

— **Ce que le Christianisme a fait pour la femme,** par G. d'Azambuja. 1 vol.

— **L'Hypnotisme et la Stigmatisation,** par le Dr Imbert-Gourbeyre. 1 vol.

— **L'Education chrétienne de la Démocratie,** *essai d'apologétique sociale,* par Ch. Calippe. 1 vol.

— **La Religion catholique peut-elle être une science ?** par l'abbé G. Frémont. 1 vol.

— *Du même auteur :* **Que l'Orgueil de l'Esprit est le grand écueil de la Foi,** *Théodore Jouffroy, Lamennais, Ernest Renan.* 1 vol.

— **La Révélation devant la Raison,** par F. Verdier, supérieur de Grand Séminaire. 1 vol.

— **Confréries musulmanes.** — *Histoire, Discipline, Hiérarchie,* par le R. P. Petit. 1 vol.

— **Pratique de la Liberté de conscience dans nos Sociétés contemporaines,** par l'abbé Canet. 1 vol.

— **Comment peut finir l'Univers,** d'après la science, par C. de Kirwan. 1 vol.

— **Les Théories modernes de la Criminalité,** par le Docteur Delassus. 1 vol.

— **Faillite du Matérialisme,** par Pierre Courbet, 3 vol. *se vendant séparément :*

I. — *Historique.* 1 vol.
II. — *Discussion ; l'atome et le mouvement.* 1 vol.
III. — *Discussion ; l'éther, le gaz, l'attraction. Conclusion. — Appendice.* 1 vol.

— **Le Globe terrestre,** par A. de Lapparent, Membre de l'Institut, professeur à l'Ecole libre des Hautes Etudes, 3 vol. *se vendant séparément.*

I. — *La Formation de l'écorce terrestre.* 1 vol.
II. — *La nature des mouvements de l'écorce terrestre.* 1 vol.
III. — *La Destinée de la terre ferme et la Durée des temps.* 1 vol.

— **De la Connaissance du Beau,** *sa définition, application de cette définition aux beautés de la nature,* par l'abbé Gaborit, archiprêtre de la Cathédrale de Nantes. 1 vol.

— **Le Diable dans l'Hypnotisme,** par le docteur Ch. Hélot. 1 vol.

— **De la Prospérité comparée des nations protestantes et des nations catholiques,** *au point de vue économique, moral, social,* par le R. P. Flamérion, S. J. 1 vol.

— **L'Art et la Morale,** par le P. Sertillanges, dominicain, docteur en théologie. 1 vol.

— **La Sorcellerie,** par I. Bertrand. 1 vol.

— **Qu'est-ce que l'Écriture sainte ?** *Les Livres inspirés dans l'antiquité chrétienne : Théorie de l'inspiration,* p. le P. Th. Calmes. 1 vol.

(DEMANDER LA LISTE DES NOUVEAUX OUVRAGES PARUS)

ST-AMAND (CHER). — IMPRIMERIE DESTENAY, BUSSIÈRE FRÈRES

SCIENCE ET RELIGION
Etudes pour le temps présent

LA BIBLE

DEPUIS

SES ORIGINES JUSQU'A NOS JOURS

PAR

M. l'Abbé Constantin CHAUVIN
Ancien professeur d'Écriture sainte
au grand Séminaire de Laval,
Supérieur du petit Séminaire de Mayenne.

II

LA BIBLE DANS L'ÉGLISE CATHOLIQUE

PARIS
LIBRAIRIE BLOUD ET BARRAL
4, RUE MADAME ET RUE DE RENNES, 59
1900

Imprimatur

† PIERRE JOSEPH
Évêque de Laval

Laval, 12 janvier 1900.

BIBLE DANS L'ÉGLISE CATHOLIQUE

Tout le monde connaît la célèbre prophétie de Noé à Japhet, son fils :

> Que Dieu étende Japhet !
> Qu'il (Japhet) habite dans les tentes de Sem !
> Et que Chanaan soit leur esclave (1) !

Cet oracle s'est réalisé à la lettre. N'a-t-on pas vu la race de Japhet entrer pour la première fois dans les tentes de Sem, au retour de la captivité, lorsque la langue grecque et la culture hellénique se mirent au service de la nation juive (2) ? N'est-il pas vrai encore que Japhet pénétra de nouveau, — et cette fois définitivement, — dans l'héritage de Sem, le jour où le Rédempteur ouvrit toutes grandes à la gentilité les portes du salut ? Ce qui faisait écrire à saint Paul que désormais « il n'y a plus ni juif, ni grec, ni barbare, ni homme libre, mais que tous ne sont qu'un en Jésus-Christ (3) ». Sem a donc été supplanté par l'*audax Japeti genus* (4) ; disons mieux, l'Eglise s'est substituée à la Synagogue dans la faveur de Dieu. Aujourd'hui les révélations divines, les livres inspirés qu'Israël tout seul avait gardés jusqu'au Messie, sont aux mains de l'Eglise, qui en a le dépôt avec la charge de les interpréter.

(1) *Gen.*, IX, 27.
(2) MEIGNAN, *De l'Eden à Moïse*, p. 265.
(3) *Gal.*, III, 28.
(4) Horace.

Mais la vieille Bible d'Israël s'est enrichie beaucoup, j'allais dire s'est transformée à la lumière du Christ. L'Evangile a brillé sur le monde ; il complète et remplace la loi de Moïse. Quant aux vieux prophètes, ils se sont trouvés dépassés par saint Paul, qui fut un voyant bien plus grand qu'eux.

Nous voulons faire l'histoire de la Bible dans l'Eglise de Jésus-Christ.

Commençons par la Bible juive, — l'Ancien Testament.

CHAPITRE PREMIER

LA VIEILLE BIBLE JUIVE DANS L'ÉGLISE DEPUIS JÉSUS-CHRIST JUSQU'AU CONCILE DE TRENTE

§ I. — La Bible juive aux mains du Christ et des apôtres.

Jésus-Christ se plaisait à proclamer qu'il n'était pas « venu abolir la loi, mais l'accomplir (1) ». De son temps les Juifs, ses compatriotes, lisaient et vénéraient les Ecritures ; il les lut et les vénéra comme eux. Pour lui et pour eux « la loi, les prophètes, les psaumes », étaient autant d'écrits inspirés dont tout le monde devait confesser l'autorité infaillible : « Ce que la loi de Moïse, les prophètes et les psaumes disent de ma personne, affirmait-il, se réalisera sûrement (2) ».

Ces paroles montrent déjà que Notre-Seigneur n'ignorait pas la division tripartite du recueil scripturaire, telle que ses contemporains l'admettaient. Nous savons encore qu'il aimait à citer, sous la rubrique générale d'*Ecritures*, les différents livres de l'Ancien Testament. Ainsi adoptait-il la façon de parler des enfants d'Israël : « Vous n'avez donc pas lu dans *les Ecritures* (ἐν ταῖς γραφαῖς) ? » s'écriait-il. — « Mais vous vous trompez, vous ne comprenez point les *Ecritures* ». — « Etudiez les Ecritures (τὰς γραφάς)... ce sont elles qui me rendent témoignage (3). » Jésus reconnaissait donc l'existence d'un *corps d'Ecritures*, ἡ γραφή, en un

(1) Cf. *Matt.*, v, 7.
(2) Cf. *Luc.*, xxiv, 44.
(3) Cf. *Matt.*, xxi, 42 ; xxii, 29 ; xxvi, 54 ; *Jean*, v, 39.

mot d'une Bible qui, d'ailleurs, jouissait à ses yeux d'une autorité supérieure et divine. « L'Ecriture, déclarait-il, ne peut pas se tromper... Il faut que les Ecritures s'accomplissent. » — « C'est écrit... » et parce que c'était écrit « il fallait que le Christ souffrît et ressuscitât le troisième jour (1) ».

Remarquons que les apôtres et les écrivains de la nouvelle alliance tiennent le même langage. Saint Matthieu s'autorise de « ce qui est écrit » (οὕτω γέγραπται), et « des Ecritures des Prophètes (2) ». Saint Marc parle aussi de « l'Ecriture », saint Luc de « toutes les Ecritures », et saint Jean de « l'Ecriture qui s'accomplit (3) ». N'était-ce pas avouer qu'il existait à leur époque une collection d'écrits sacrés ? Cette collection n'était autre que la vieille Bible d'Israël.

Mais connaît-on l'étendue de la Bible qui était aux mains de Jésus-Christ et des apôtres ? Renfermait-elle exclusivement les livres du recueil palestinien (synagogue de Jérusalem) ? Ne contenait-elle pas en outre ceux de la collection alexandrine (4) ?

Nous inclinons vers la deuxième hypothèse. S'il est certain que le Sauveur, les apôtres — saint Matthieu, saint Paul, saint Pierre, — et les écrivains du Nouveau Testament en général ont tous fait de nombreux emprunts aux livres de la Bible hébraïque (5), il n'est pas moins certain qu'ils ont fréquemment employé plusieurs de ceux de la Bible d'Alexandrie. Chose digne de remarque, ils ne semblent voir, ils ne relèvent entre ces derniers et les autres aucune différence sous le rapport de l'autorité, de la véracité et de l'origine

(1) Cf. *Jean*, x, 35 ; *Marc*, xiv, 49 ; *Jean*, v, 39 ; etc.

(2) Cf. *Matt.*, ii, 5 ; xxvi, 56.

(3) Cf. *Marc*, xv, 28 ; *Luc*, xxiv, 27 ; *Jean*, xix, 36.

(4) Voir notre brochure, *La Bible chez les Juifs*, pp. 31-37.

(5) Sauf aux deux livres d'*Esdras*, à l'*Ecclésiaste*, à *Esther*, au *Cantique*, à *Abdias*, à *Nahum*, qu'ils n'eurent vraisemblablement pas l'occasion de citer.

divine. Rappelons, à titre d'exemples, les paroles suivantes de Jésus-Christ : *Si dimiseritis hominibus peccata eorum, dimittet et vobis Pater vester cœlestis peccata vestra* (cf. *Matt.*, VI, 14, col. *Eccli.*, XXVIII, 2) ; — de saint Paul : *Qui cum sit splendor gloriæ et figura substantiæ ejus* (cf. *Heb.*, I, 3 col. *Sap.*, VII, 26); — de saint Jacques : *Sit omnis homo velox ad audiendum, tardus autem ad loquendum, et tardus ad iram* (cf. *Jac.*, I, 19, col. *Eccli.*, V, 13). — Ces quelques textes pris au hasard sont, à n'en pas douter, des réminiscences de passages appartenant aux livres sacrés qui ne se trouvent que dans la Bible d'Alexandrie (1).

Il est remarquable encore que le Sauveur et les apôtres ont très souvent cité l'Ecriture d'après la Bible des Septante, de préférence au texte hébreu, même dans les passages où la version grecque diffère de l'original (2). « Sur trois cent cinquante citations, observe Zschokke, soixante seulement ne paraissent pas prises des Septante (3). »

Mais, dira-t-on, le Christ parlait donc le grec comme il parlait l'hébreu ? L'hébreu et surtout le grec n'étaient pourtant point les langues usitées en Palestine à l'époque. Sans doute, Jésus connaissait l'hébreu. Comment le nier, puisque saint Luc raconte qu'un jour le Sauveur ouvrit le rouleau des prophètes et *lut* un passage d'Isaïe (4). Quant au grec, il pouvait le parler (5), mais cela n'est pas prouvé. Admettons au moins qu'il n'en ignora pas les caractères, voire même certains mots, pour les avoir rencontrés plus d'une fois, soit sur les monnaies, soit sur les inscriptions lapidaires qui ne manquaient pas

(1) Cf. VINCENZI. — *Sessio IV concil. Trident. vindicata*, pars 1a, pp. 15-24.

(2) Cf. KAUTSCH, *De locis N. T. a Paulo allegatis*.

(3) *Historia s. Anc. Test.*, p. 367, n. 2.

(4) Cf. *Luc*, IV, 16 et suiv.

(5) C'est l'opinion de plusieurs critiques modernes en Allemagne et en Angleterre.

à Jérusalem ou en Palestine. Sa langue à lui fut le syro-chaldaïque. C'est dans cet idiome qu'il dut citer souvent l'Ecriture d'après les Septante. Au surplus, est-il invraisemblable que le Sauveur ait appris, par la tradition orale, certaines variantes que renfermait la version alexandrine ? On préférera peut-être mettre sur le compte des évangélistes la substitution des leçons du grec au texte hébreu dans les discours de Jésus.

Il n'importe. — Concluons de ce qui précède que Jésus-Christ et les apôtres admettaient l'origine divine de tous les livres de l'alliance ancienne. A leurs yeux ces écrits avaient une autorité décisive en matière de foi et de morale ; car les apôtres pas plus que Jésus-Christ ne distinguent jamais entre tels ou tels de ces livres ; ils les placent tous sur le même rang et appuient sur eux tous leur doctrine et leur argumentation. Cette pratique n'était-elle pas une sorte de consécration donnée à la Bible des synagogues hellénistes ? Sans rien définir en théorie ou *ex professo*, le Sauveur et ses apôtres tenaient donc pour inspirés tous les écrits de la collection alexandrine. Quant à fixer les limites de ce recueil et à en déterminer le contenu dans le détail, Jésus et ses disciples ne l'entreprirent pas. Le Nouveau Testament ne nous fournit, du moins, aucun renseignement à cet égard.

§ II. — La Bible juive aux mains des Pères des trois premiers siècles.

Des mains du Christ et des apôtres, la Bible juive passa aux mains des Pères apostoliques. « On entend par « Pères apostoliques », dit Mgr Freppel (1), ce groupe d'évêques et de docteurs qui, après avoir été disciples des apôtres, ou du moins leurs contemporains, leur ont succédé immédiatement dans le ministère de la parole et dans le gouvernement des églises,

(1) *Les Pères apostoliques et leur époque*, p. 1.

tels que saint Ignace, saint Polycarpe et saint Clément pape. »

Or, ces vénérables témoins des premiers âges regardèrent comme divins *tous les livres* de l'ancienne alliance. Ils les ont cités maintes fois, s'autorisant d'eux pour établir n'importe quelle vérité d'ordre dogmatique ou moral. Funk, au tome Ier de ses *Opera patrum apostolicorum*, dresse une longue liste des textes qu'ils ont insérés et fondus dans leur style. Il faut remarquer que les Pères apostoliques ne *citent* pas, à proprement parler, ils empruntent plutôt un mot, une phrase, une expression, et ils se l'approprient. Mais pour être implicite et plus ou moins cachée, la citation demeure quand même réelle et voulue. C'est donc à l'*Ecriture*, à *la parole inspirée*, que les Pères apostoliques se référaient ; ils voyaient en elle la règle infaillible de la vérité et du devoir. Selon eux, la Bible ne renfermait que des livres divins, et ces livres, à quelque collection qu'ils appartiennent — hébraïque ou grecque — étaient tous également sacrés.

Ces Pères pourtant, non plus que les apôtres, n'arrêtèrent jamais théoriquement, *ex professo*, le recueil canonique des écrits de l'Ancien Testament. Ils acceptèrent la Bible d'Israël telle qu'elle leur était transmise par la synagogue, telle surtout qu'ils la savaient implicitement approuvée par les apôtres et par Jésus-Christ.

Vers le déclin du second siècle, la même foi à l'inspiration de tous *les livres* de la Bible juive se manifesta, disons mieux, alla s'accentuant au sein des principales communautés chrétiennes. Un critique peu suspect de partialité, Reuss, l'avoue en ces termes : « Les théologiens chrétiens de cette époque (fin du IIe siècle), ne connaissaient l'Ancien Testament que dans la recension grecque (dite des Septante), et, par conséquent, ne font point de distinction entre ce que nous appelons les livres canoniques (hébreux), et les livres apocryphes (deutérocanoniques). Ils citent ceux-ci avec autant de confiance que les premiers, avec les mêmes formules honorifiques et en leur attribuant une égale autorité, basée sur une inspiration égale. Ce fait ne demande pas une longue démonstration (1). »

Il suffit en effet de rappeler que saint Justin (120-166) par exemple, — lequel représente pour nous l'Eglise de Palestine à cette époque, — mettait sur le même pied les deux Bibles de Jérusalem et d'Alexandrie. S'il n'a cité aucun livre (2), ni aucun fragment deutérocanonique (3), c'est qu'il n'en eut point l'occasion. Il déclare dans son *Dialogue avec le juif Tryphon* qu'il n'emploiera avec lui que les Ecritures du Canon jérosolymitain; c'était de bonne polémique.

Deux autres Pères, Athénagore († 177) et saint Théophile d'Antioche († 186), — qu'on peut regarder comme les témoins des Eglises grecques de ce temps-là — empruntent des textes indifféremment à *tous* les livres de la Bible des Septante. Et — ce qu'il importe de remarquer beaucoup — l'auteur du *fragment* de Muratori (4) qui est censé représenter les traditions des Eglises de Rome et d'Occident, range sans hésiter la *Sagesse* au nombre des écrits sacrés admis par tous au IIe siècle. Ce livre sans doute est le seul des deutérocanoniques de l'Ancien Testament que le fragment signale, et encore cette mention est faite très incidemment, mais n'oublions pas que le *fragment* nous est parvenu fort incomplet. Il est permis de supposer que tous les livres de la première alliance étaient énumérés dans les pages que nous n'avons plus.

(1) Reuss, *Histoire du Canon*, p. 99, 2e éd.

(2) Sauf peut-être *Daniel*, III, 24, suiv., dans sa 1re *Apologie*, n. 46.

(3) Ne se trouvant point dans le Canon hébreu de Palestine.

(4) On appelle ainsi une pièce latine (l'original était probablement en grec) du IIe siècle renfermant un catalogue des livres du N. T. Le paléographe Muratori découvrit ce document à l'*Ambrosiana* de Milan. Les premières pages ont disparu, et les pages de la fin ont été mutilées aussi, croit-on.

Ce qui est sûr, c'est qu'au IIIe siècle l'accord se montra encore mieux chez les Pères touchant l'autorité divine du contenu intégral non seulement de la Bible juive de Jérusalem, mais encore de la Bible juive d'Alexandrie. Cette dernière était devenue à ce moment-là d'un usage universel. On la lisait publiquement aux offices, on s'en servait pour la liturgie et pour l'enseignement catéchétique. C'est d'elle que dépendent les plus anciennes versions, notamment la vieille *Itala*, de sorte que saint Jérôme a pu écrire d'elle : *Nascentis Ecclesiæ roboraverat fidem* (1).

De là vient que dans l'Eglise grecque les meilleurs esprits et les plus savants Docteurs — tels Clément d'Alexandrie († 200) et Origène († 254) — ont cité à chaque instant n'importe quels livres du recueil des Septante sans laisser jamais entendre qu'une différence quelconque d'autorité existait selon eux entre la Bible grecque et la Bible hébraïque.

Dans l'Église latine il en fut de même. Tertullien et saint Cyprien firent des emprunts à tous les deutérocanoniques du Vieux Testament, sauf à *Tobie*, à *Judith* et aux fragments d'*Esther* (X, 4 — XVI, 24) qu'ils n'eurent point l'occasion de citer.

Les témoignages de ces deux Africains ont une grande valeur ; d'abord parce qu'ils sont formels et à peu près adéquats ; ensuite parce qu'ils représentent non seulement les traditions d'une Eglise presque aussi célèbre que celle d'Alexandrie, mais encore, selon toute vraisemblance, les traditions d'Italie et de Rome ; enfin parce que ces deux Pères avaient entre les mains une version latine des Ecritures qui contenait sans distinction tous les livres de la Bible juive regardés d'ailleurs par tous, dans l'Occident latin, comme égaux en inspiration et en autorité.

On dira peut-être qu'en général les citations des Pères de ce temps-là manquent de critique ; ainsi s'expliquent les emprunts étranges qu'ils font à des apo-

(1) *Præf. in I Paral.*

cryphes, tels que le livre d'Hénoch, l'épître de saint Barnabé, l'Ascension d'Isaïe, etc. — Cette observation repose sur une équivoque. Les Pères se sont bien gardés, même quand ils les citent, de confondre les œuvres apocryphes de l'époque avec les œuvres bibliques. Origène, en particulier, sait parfaitement distinguer les premières des secondes ; il parle de celles-là comme de livres que tout le monde n'admettait pas. Tertullien tient un langage semblable relativement au livre d'Hénoch. Bref, aucun apocryphe ne fut *universellement* reçu ni employé dans la lecture publique à l'égal des livres du Canon scripturaire.

L'Eglise chrétienne était donc à peu près fixée, dès la fin du IIIe siècle, sur l'autorité et le contenu de la Bible juive. Des controverses cependant allaient surgir par rapport à quelques parties.

§ III. — La Bible juive dans l'Orient et dans l'Occident chrétien depuis le IVe siècle jusqu'au VIe.

Il importe d'établir tout d'abord une différence entre l'Eglise latine (Occident) et l'Eglise grecque (Orient).

La première admettait *théoriquement*, dès le IVe siècle, la Bible juive complète. Elle insérait dans son Canon les mêmes livres que le concile de Trente devait plus tard dogmatiquement proclamer canoniques. Nous possédons un catalogue dit de saint Damase (366-384), où se trouvent — les deutérocanoniques non exceptés — tous les écrits de l'ancienne alliance. A noter que la liste débute par cette introduction significative : « Maintenant il faut dire au sujet des *Ecritures divines* ce que reçoit l'*Eglise catholique* et ce qu'elle admet ». Le catalogue de saint Damase est celui-là même dont le pape Innocent I envoya une copie vers l'an 405 à l'évêque de Toulouse, saint Exupère. On croit que c'est ce Canon de l'Eglise romaine que Mommsen a découvert (1885) en Angleterre dans un manuscrit du Xe siècle (1).

(1) Cf. *Dictionnaire de la Bible* de VIGOUROUX, t. I, col. 151-155.

L'Eglise d'Afrique eut aussi ses catalogues complets des livres de l'Ancien Testament. Le concile d'Hippone en 393 et les conciles de Carthage en 397 et 419 les publièrent. Saint Augustin de son côté a laissé dans le *De doctrina christiana* une liste des Ecritures du Vieux Testament, laquelle renferme exactement les livres de notre Bible actuelle.

Quant aux Eglises d'Orient, nous croyons qu'elles professaient vers le IVe siècle la même foi que l'Eglise latine à l'inspiration de toutes les parties de la Bible juive. Sans doute on ne trouvera pas chez elles comme en Occident à cette époque des Canons arrêtés et presque déjà officiels. Il se peut néanmoins que le concile de Nicée, en 325, ait promulgué dans un décret disciplinaire un catalogue scripturaire semblable à celui de Trente. Ainsi pensent plusieurs doctes critiques. Ce qui est certain, c'est que *pratiquement* les Eglises orientales étaient d'accord avec celles d'Occident. N'est-ce pas ce que prouve la *pratique* des Pères grecs qui, selon une remarque de Münscher dans son *Handbuch der Dogmengeschichte*, tenaient pour « sacrés » et « Ecritures divines » ces livres-là mêmes de l'Ancien Testament qu'ils ne recevaient point dans leurs recueils bibliques ? Aussi les manuscrits de la Bible des Septante : le *Vaticanus* (IVe siècle), le *Sinaïticus* (IVe siècle), le *Codex Ephremi* et l'*Alexandrinus* (Ve siècle) contiennent-ils l'Ancien Testament tout entier (1). Les versions éthiopienne et arménienne qui datent du IVe et du Ve siècles sont également complètes. N'est-ce pas un indice que les Eglises d'Orient ne faisaient aucune différence sous le rapport de l'inspiration entre les livres du Canon de Jérusalem et ceux du Canon d'Alexandrie ? L'entente existait donc

(1) Les parties deutérocanoniques — celles que les juifs palestiniens n'avaient pas admises — se trouvent par fragments dans les quatre manuscrits précités, et — détail à noter — ces fragments deutérocanoniques sont entremêlés avec les livres protocanoniques.

dans l'Eglise universelle sur l'autorité divine de la Bible juive.

A cette époque pourtant parurent pour la première fois, sous la plume de quelques Pères, des assertions formellement défavorables à plusieurs livres du recueil des Septante. — Chez les Orientaux saint Cyrille de Jérusalem, par exemple, saint Athanase, saint Grégoire de Nazianze et son ami, saint Amphiloque d'Iconium, n'admettaient positivement que les vingt-deux livres du Canon palestinien (1). Saint Epiphane éliminait du recueil scripturaire la *Sagesse* de Salomon et l'*Ecclésiastique*, qu'il regardait cependant « comme utiles et de grand profit, bien qu'ils ne dussent pas être comptés parmi les livres canoniques ». — Chez les Occidentaux un même courant défavorable se dessinait. Nous le constatons dans la *Préface aux psaumes* de saint Hilaire de Poitiers, dans les écrits du prêtre Rufin et, ce qui surprend davantage, dans les commentaires de saint Jérôme. Non seulement ce Docteur exclut, comme Rufin et saint Hilaire, les deutérocanoniques de l'ancienne alliance, mais il semble parfois restreindre leur divine autorité.

Comment concilier cette attitude défavorable de plusieurs Pères du IVe siècle vis-à-vis de certaines parties de la Bible juive avec l'existence des Canons scripturaires répandus alors un peu partout dans l'Eglise ?

Rappelons d'abord que « ces Canons ou catalogues de livres sacrés, connus très bien des communautés chrétiennes qui les avaient dressés et déclarés *officiels* chez elles, pouvaient être beaucoup moins connus ailleurs, et surtout ne furent point imposés aux autres Eglises. La question des Ecritures canoniques n'intéressait point encore la foi ; ce n'était pour la plupart des catholiques qu'une question de *discipline* » (2). Cela explique déjà que des divergences d'opinion aient pu éclater entre différentes communautés chrétiennes au

(1) Voir notre opuscule, *La Bible chez les juifs*, p. 7.
(2) Voir nos *Leçons d'Introduction générale*, p. 116.

IVe siècle par rapport à l'étendue de la Bible juive.

Ajoutons que des coutumes locales, des traditions particulières vinrent aussi modifier la pratique des Eglises relativement à l'usage soit doctrinal soit liturgique des livres inspirés. L'Eglise de Jérusalem, par exemple, composée à l'origine presque exclusivement de juifs convertis, préférait sans doute, au IVe siècle encore, se servir des livres de la Bible palestinienne. A Alexandrie une coutume s'était établie, dès avant Origène, de répartir en deux classes les livres sacrés destinés à être lus aux fidèles, savoir : 1° ceux qui servaient aux lectures publiques dans les assemblées chrétiennes : — les livres du Canon hébreu ; 2° ceux qui étaient réservés aux catéchumènes : — les deutérocanoniques du Canon alexandrin. De là à des divergences de vues chez les Pères et parmi les fidèles sur la valeur de tels et tels livres de la Bible juive il n'y avait qu'un pas.

Néanmoins il faut reconnaître qu'aucun des Pères, soit du IVe siècle, soit du Ve, sinon peut-être saint Jérôme, ne se refusa à regarder comme sacrés les livres en question. Nous n'en doutons point spécialement pour saint Athanase, saint Cyrille de Jérusalem, saint Grégoire de Nazianze, saint Epiphane, saint Hilaire, même pour Rufin (1). Tous citent en effet les deutérocanoniques à titre d' « Ecritures », ainsi qu'ils le font pour les autres livres du Canon hébreu. « Quant à saint Jérôme, nous avouons qu'il ne dut pas être très fixé sur l'autorité des deutérocanoniques ; mais en cela il s'écarte certainement de la tradition chrétienne. Et il le sentait bien, car pour se conformer à l'usage général, il se sert quelquefois de ces livres, s'appuie sur eux, il en traduit même *quelques-uns*, et témoigne à *tous* des égards qui contrastent fort avec ses doutes touchant leur autorité intrinsèque (2). » « Par là, remarque Loisy (3), saint Jérôme attestait involontaire-

(1) Voir *Ibid.*, pp. 121-123.
(2) *Ibid.*, p. 123.
(3) Loisy, *Histoire du Canon de l'A.T.*, p. 121.

ment la puissance de la tradition ecclésiastique, et le crédit dont les deutérocanoniques jouissaient de son temps ».

C'est donc avec raison que Bossuet écrivait à Leibnitz : « Le terme de *canonique* n'ayant pas toujours eu une signification uniforme, qu'un livre soit canonique en un sens ce n'est pas nier qu'il ne le soit en un autre ; nier qu'il soit — ce qui est très vrai — dans le Canon des Hébreux (palestinien), ou reçu sans contradiction parmi les chrétiens, n'empêche pas qu'il ne soit au fond dans le Canon de l'Eglise, par l'autorité que lui donne la lecture presque générale et par l'usage qu'on en faisait par tout l'univers. C'est ainsi qu'il faut concilier plutôt que commettre ensemble les Eglises et les auteurs ecclésiastiques par des principes communs à tous les divers sentiments et par le retranchement de toute ambiguïté (1) ».

Tel est aussi notre avis.

§ IV. — La Bible juive dans l'Orient et dans l'Occident chrétien depuis le VIe siècle jusqu'au moyen âge (Xe siècle).

L'histoire de la Bible juive depuis le VIe siècle jusqu'au moyen âge s'identifie avec l'histoire des versions en usage dans l'Eglise à cette époque.

Or, en Orient, les Grecs continuèrent de se servir de la traduction des Septante qui renferme, on le sait, tous les livres de la première alliance. En Ethiopie, ainsi que chez les Arméniens et les Géorgiens, les versions de l'Ancien Testament les plus répandues parmi les fidèles contenaient aussi la Bible juive en son entier (2). Un fait important à noter encore, c'est que les

(1) *Œuvres*, t. IV, p. 615, éd. Berche.

(2) La version éthiopienne dans son texte actuel ne contient plus les deux livres des *Machabées*, mais on croit qu'ils s'y trouvaient autrefois. Pareillement l'*Ecclésiastique* a été éliminé, on ne sait pour quel motif, de la version géorgienne.

sectes orientales : Nestoriens (de la branche chaldéenne), Jacobites, Syriens, Arméniens, Coptes, — qui se séparèrent vers cette époque de l'unité — ont toujours traité les deutérocanoniques avec le même respect que les autres livres de la Bible. Au commencement du VIIe siècle, vers 616 ou 617, Paul de Tella, à la prière d'Athanase évêque monophysite d'Alexandrie, fit et publia une version syriaque de l'Ancien Testament; elle comprenait tous les livres de la Bible juive. Nous possédons un manuscrit (VIIIe siècle) de cette traduction, lequel provient du monastère de Sainte-Marie au désert de Scété en Egypte. Dans ce *codex*, à côté des *Psaumes*, de *Job*, etc., on trouve la *Sagesse*, l'*Ecclésiastique*, *Baruch* (réuni aux *Prophètes*), l'*Epître de Jérémie* et les *fragments* de *Daniel*. Quoi d'étonnant dès lors à ce que le concile *in Trullo* (1) tenu à Constantinople en 692 et qui jouit chez les Grecs d'une autorité égale à celle d'un concile œcuménique, ait adopté le Canon scripturaire du concile de Carthage de 419, c'est-à-dire la liste complète des écrits de l'Ancien Testament, telle que l'avaient dressée, au IVe siècle, les Eglises de Rome et d'Afrique ?

Quant à l'Eglise latine (occidentale), elle se servait, au VIe siècle et au VIIe, d'une version où tous les livres de la Bible d'Israël étaient sûrement contenus, sans distinction aucune de protocanoniques et de deutérocanoniques. Nous voulons parler de la version Vulgate, dite hiéronymienne. Cette traduction commençait alors à se répandre, non seulement à Rome et en Italie, mais dans les Gaules, en Espagne, etc. Saint Avit, évêque de Vienne († 517), saint Césaire d'Arles († 542), saint Grégoire de Tours († 593), lisaient l'Ancien Testament dans cette version. C'est celle aussi qu'employaient ordinairement les papes Jean III (560-573),

(1) Cette assemblée conciliaire fut ainsi désignée parce que les Pères siégeaient dans une salle du palais impérial de Constantinople appelée Τροῦλλος. Le concile *in Trullo* fut la continuation des 5e et 6e conciles œcuméniques.

II 2

Benoît I (571-578) et Pélage II (578-590). Saint Grégoire-le-Grand (590-604) la prenait de préférence pour texte de ses commentaires. Il y a plus ; même les versions latines beaucoup plus anciennes, en usage dans l'Eglise d'Occident avant la Vulgate de saint Jérôme, ne permettaient déjà point de supposer que leurs auteurs faisaient une différence quelconque d'autorité entre les livres de la Bible juive ; car tous ces livres avaient été traduits également. C'est ce qui explique pourquoi les sacramentaires du ve siècle et du vi^{e} renferment des lectures tirées des deutérocanoniques ; pourquoi encore les lectionnaires qui nous restent divisent ces mêmes livres en sections pareilles à celles des autres livres divins en indiquant les jours auxquels l'Eglise les faisait lire aux fidèles ; pourquoi, enfin, les plus vieux missels citent les deutérocanoniques comme des livres inspirés (1).

Nonobstant cet accord des Eglises à l'époque qui nous occupe — du vi^{e} au xe siècle — quelques hésitations se produisirent chez plusieurs docteurs ou écrivains ecclésiastiques. On est surpris de les rencontrer sous la plume de deux personnages plus particulièrement illustres : Saint Grégoire-le-Grand (590-604) et saint Jean Damascène († 754). Celui-ci exclut positivement du Canon scripturaire la *Sagesse* et l'*Ecclésiastique ;* celui-là, en introduisant une citation du *1 Mach.*, se montre assez défavorable aux deutérocanoniques.

Pour justifier saint Grégoire, des critiques ont prétendu que ce pontife s'était placé au point de vue juif, et qu'il n'avait déclaré « non canoniques » certains livres de l'Ancien Testament que parce que la synagogue ne « recevait » pas ces écrits. « Peut-être vaut-il mieux dire que saint Grégoire subit l'influence des préfaces de saint Jérôme et qu'il crut pouvoir admettre une différence quelconque — sur le terrain de la pratique et quant à l'usage à en faire — entre les deutérocanoniques et les autres livres de la première alliance. Au

(1) Voir Malou, *La lecture de la Sainte Bible*, t. II, p. 144.

surplus, n'oublions pas que le pontife, dans le passage en question, parlait comme docteur privé et exprimait un sentiment tout personnel (1). »

Saint Jean Damascène, en éliminant la *Sagesse* et l'*Ecclésiastique*, fut influencé par l'opinion de saint Epiphane. Celui-ci, en effet, pour des raisons particulières (2), aimait à s'en tenir souvent au seul Canon palestinien; ce qui ne l'empêcha pourtant point de citer parfois l'*Ecclésiastique* et la *Sagesse* comme « Ecritures divines ».

Quoi qu'il en soit, les hésitations de ces deux Pères et les témoignages défavorables de quelques autres écrivains ecclésiastiques du même temps — qu'il serait trop long de relater ici — ne trahissent que des sentiments individuels et ne diminuent en rien la foi générale de l'Eglise qui, depuis le VIe siècle jusqu'au Xe, admit intégralement la Bible et crut à sa divine autorité.

§ V. — La Bible juive dans l'Eglise depuis le Xe siècle jusqu'au concile de Trente.

L'histoire de la Bible juive dans les Eglises d'Orient, à partir du Xe siècle jusqu'au XVIe, est facile à raconter.

D'abord, l'Eglise grecque, depuis le concile *in Trullo* (692), ne varia plus dans sa foi à l'inspiration de tous les livres de l'ancienne alliance.

Les autres Eglises orientales professèrent les mêmes croyances. Nestoriens, Arméniens, Syriens, Maronites, Ethiopiens, tous furent et sont restés d'accord là-dessus. Aussi, non seulement les Grecs, mais les Russes, les Arméniens, les Ethiopiens Jacobites, adoptèrent volontiers au concile de Florence (1439-1445) le Canon *complet* des Ecritures, proposé par Eugène IV et inséré par lui dans le décret *De unione Græcorum* (3).

(1) Voir *Leçons d'introd. gén.*, p. 131.

(2) Cf. MAGNIER, *Etude sur la canonicité des Saintes Ecritures*, pp. 271-272.

(3) Cf. MALOU, *op. cit.*, t. II, p. 136.

En Occident, il n'en fut pas de même tout à fait. Depuis le xe siècle jusqu'au xvie, des hésitations et des incertitudes continuèrent à se produire dans les Eglises, relativement à l'autorité des deutérocanoniques et même de plusieurs autres livres de l'ancienne alliance.

Vers le commencement du xe siècle, un moine de Saint-Gall, Notker, crut pouvoir soutenir que la *Sagesse*, l'*Ecclésiaste*, *Job*, *Tobie*, *Esdras*, *Judith*, *Esther*, les *Paralipomènes* et les *Machabées* étaient des écrits « douteux, sans autorité et bons à conserver seulement pour le souvenir et l'admiration ». — Au xiie siècle, Jean de Salisbury, évêque de Chartres, ne voulut s'en rapporter, en matière de Canon, qu'au *Prologus Galeatus* de saint Jérôme. — Au xiiie, le cardinal Hugues de Saint-Cher traitait d' « apocryphes » la *Sagesse*, l'*Ecclésiastique*, les *Machabées*, *Judith* et *Tobie* ; il les élimina positivement du recueil biblique. — Chose surprenante, on trouve encore dans les premières années du xvie siècle des théologiens fort estimés, Cajetan par exemple, qui professèrent de téméraires théories sur la valeur des livres de la Bible juive non contenus dans le Canon palestinien. A les entendre, ces livres seraient « utiles pour l'édification, mais ils ne peuvent servir pour la démonstration de la foi ».

Au fond, ces méprises et ces hésitations ne doivent pas nous troubler. La cause principale de ces assertions erronées fut l'influence de saint Jérôme. Quelques bons esprits du moyen âge exagérèrent le sens des préfaces de ce grand Docteur, qu'ils lisaient dans presque tous les manuscrits de la Vulgate. Ils voulurent donc s'en tenir trop exclusivement et trop scrupuleusement à la liste du *Prologus Galeatus*. En cela, ils se trompaient. Mais leur erreur, reposait sur une question de *fait* plutôt que sur une question de *principe*, à la différence de l'erreur des protestants modernes qui, en matière de canonicité biblique, compromettent absolument et repoussent la tradition divine de l'Eglise.

D'autres écrivains du moyen âge, sans aller jusqu'à se prononcer ouvertement contre les deutérocanoniques demeurèrent dans le doute et l'incertitude, n'osant pas contredire saint Jérôme, ni s'inscrire en faux contre les décrets des pontifes de Rome. Il s'en trouva même qui tentèrent une conciliation, mais ils n'aboutirent qu'à donner des distinctions peu fondées, ou à produire une explication illogique des termes « hagiographes » et « apocryphes ».

Ce qui est sûr c'est que, nonobstant ces incertitudes de plusieurs théologiens et évêques, les fidèles en masse continuèrent de respecter et de vénérer indistinctement tous les livres de la Bible juive. Pour ce qui est spécialement des deutérocanoniques, on les lisait en public ; on les insérait dans les *codices* et dans les recensions de la Bible; on les expliquait au peuple ; on les opposait même aux hérétiques.

Les limites de ce présent opuscule ne nous permettent pas d'entrer dans les détails. Rappelons seulement que les principales *Collections* scripturaires du moyen âge contiennent la Bible juive en son entier. Tels sont les recueils des Eglises d'Espagne, dont Gonzalez a trouvé un exemplaire remontant à 976, les recueils de Luitprand de Crémone, de Burchard de Worms, d'Yves de Chartres, d'Etienne Harding ; tels encore les célèbres *capitula* d'Etienne Langton, archevêque de Cantorbéry. Ces antiques documents renferment tous le Canon complet des Ecritures, tel que l'Eglise catholique le reçoit aujourd'hui. Il y a plus. Au xve siècle, Thomas de Walden ne se contenta pas d'adopter le catalogue de saint Damase, il réclama encore hardiment pour l'Eglise le droit de fixer le Canon des livres saints.

Somme toute, le concile de Trente, en définissant au xvie siècle la canonicité de tous les écrits de l'Ancien Testament, n'a fait que consacrer la tradition constante des Eglises chrétiennes à cet égard. C'est bien, d'ailleurs, ce que le concile déclare lui-même en propres termes : « Sacrosancta œcumenica et generalis Tridentina synodus... *orthodoxorum Patrum exempla secuta* OMNES libros... Veteris Testamenti... quum unus Deus sit auctor, pari pietatis affectu ac reverentia suscipit et veneratur ».

C'est donc chose décidée, puisque Rome a parlé. Tout catholique, qui veut rester catholique, devra désormais admettre sans conteste et sans exception comme inspirés les livres de la Bible juive, hébraïque ou grecque.

De fait, parmi les catholiques il n'existe absolument aucun désaccord, depuis le XVIe siècle, sur ce point de doctrine défini. Seuls, au sein de l'Eglise chrétienne, les protestants « protestent » et font opposition. — C'est leur triste rôle toujours et en tout.

CHAPITRE II

LA BIBLE CHRÉTIENNE OU LE NOUVEAU TESTAMENT DEPUIS SES ORIGINES JUSQU'AU CONCILE DE TRENTE

§ I. — Contenu de la Bible chrétienne.

La Bible chrétienne — plus communément désignée sous le nom de Nouveau Testament — est moins étendue que la Bible juive. Elle ne renferme que *vingt-sept* livres (1).

Ces livres sont ordinairement et plus commodément répartis en trois séries : livres *historiques*, livres *didactiques*, livre *prophétique*.

On compte cinq livres historiques : les quatre Evangiles et les Actes des apôtres ; — vingt-et-un livres didactiques : les quatorze lettres de saint Paul, les trois de saint Jean, la lettre de saint Jacques et celle de

(1) On se rappelle que la Bible juive en compte *quarante-six* (Vulgate).

saint Jude ; — un seul livre prophétique : l'Apocalypse.

Ces livres sont écrits en grec, sauf l'Evangile de saint Matthieu, qui fut composé en syro-chaldaïque. Ils ont été publiés dans un laps de temps relativement court, depuis l'an 40 ou 42 environ jusqu'à l'année 100 ou 105. Tous sont des écrits de circonstance ; tant il est vrai que l'Eglise a été fondée sur la prédication et la parole vivante plutôt que sur la lettre morte de l'Ecriture.

Le premier Evangile, œuvre de l'apôtre Matthieu, fut destiné aux judéo-chrétiens de Palestine. L'auteur s'applique à montrer par les faits que Jésus de Nazareth est bien le Messie qu'avaient annoncé les prophètes. — Le second Evangile, œuvre de Marc, disciple de Pierre, fut destiné principalement aux chrétiens de Rome. Le but de l'auteur est de prouver la divinité de Jésus-Christ par ses miracles. — Le quatrième Evangile fut écrit par Jean, à la demande et pour les besoins des fidèles d'Asie. Le disciple bien-aimé y poursuit, contre les hérétiques du temps, la démonstration de la messianité et de la divinité de Jésus.

Nous rapprochons à dessein le troisième Evangile et les Actes des apôtres. Ces deux livres ont un même auteur : Luc, disciple de Paul, et un même but : raconter les origines de l'Eglise, et montrer que la rédemption du Christ, en principe comme en fait, fut véritablement universelle. Dans l'Evangile, Luc s'inspire visiblement de la doctrine de saint Paul, son maître ; car, à bien prendre, ses récits sont la confirmation, par les faits, de l'enseignement paulinien touchant l'universalité du salut messianique. Il en est de même dans les Actes qui nous montrent comment tous les hommes sont appelés au christianisme.

C'est pourquoi nous y lisons la fondation de l'Eglise à Jérusalem, puis l'histoire de sa propagation à travers le monde, grâce aux travaux apostoliques du Docteur des nations.

Ce dernier, missionnaire infatigable, a enseigné non seulement par la parole mais encore par la plume. Il compte parmi les écrivains de la nouvelle alliance, dont il est le plus illustre.

Nous n'avons plus de lui que quatorze Epîtres (1). La Vulgate latine ne les a point conservées dans leur ordre de composition (2). Chronologiquement, les deux lettres aux Thessaloniciens doivent être les premières, puis vient la lettre aux Galates : ces trois Epîtres appartiennent, en effet, au second voyage apostolique de saint Paul. — Au cours du troisième voyage, parurent successivement la première et la seconde aux Corinthiens et l'Epître aux Romains. — Ensuite, pendant la première captivité de Paul à Rome, l'Epître aux Philippiens, celles aux Colossiens, aux Ephésiens, à Philémon et aux Hébreux. — Enfin, les trois pastorales, — première et deuxième à Timothée et Epître à Tite, — sont les dernières en date ; elles ne furent écrites que pendant la seconde captivité de l'Apôtre.

Les sept autres lettres que renferme la Bible chrétienne sont appelées *catholiques* (3), parce que six d'entre elles — les deux de saint Pierre, la première et la seconde de saint Jean, celles de saint Jacques et de saint Jude, — sont adressées aux fidèles en général (4).

La première Epître catholique d'après la Vulgate, est la lettre de Jacques le Mineur, évêque de Jérusalem. Il

(1) En composa-t-il d'autres ; c'est fort probable et même certain. Cf. *I Cor.*, v, 9; VII, 1; *II Cor.*, VII, 8; x, 9.

(2) Elle paraît avoir suivi l'ordre d'importance, en classant d'abord les lettres adressées aux grandes communautés chrétiennes; ensuite, celles adressées à des particuliers. L'Epître aux Hébreux vient la dernière, probablement à cause des discussions qui s'élevèrent autrefois sur sa canonicité.

(3) De καθολικός, « universel ».

(4) La troisième Epître de saint Jean est adressée à un particulier ; on l'a maintenue quand même parmi les Epîtres catholiques, afin de ne point la séparer des deux autres lettres du disciple bien-aimé.

l'écrivit dans le but de soutenir la foi des fidèles de cette ville et de les exhorter à la patience en face des persécutions. — Suivent les deux Epîtres de Pierre. Dans la première, le Chef des apôtres cherche à encourager les chrétiens au milieu de leurs épreuves par les exemples de Jésus-Christ et les magnifiques récompenses de l'éternité. — Dans la seconde Epître, plus dogmatique, saint Pierre prémunit les fidèles contre les erreurs du temps, qu'il condamne.

Viennent maintenant les trois lettres de Jean. La première est une sorte d'introduction au quatrième Evangile. Le disciple bien-aimé y traite de la divinité du Sauveur Jésus, ainsi que des préceptes de l'amour de Dieu, de l'amour du prochain et de la haine du monde. — La seconde, destinée comme la précédente aux Eglises d'Asie (1), traite du même sujet. — Quant à la troisième, qui fut envoyée à Gaïus, elle renferme des félicitations et des blâmes. Les félicitations sont pour Gaïus lui-même ; les blâmes concernent un certain Diotrèphe, diacre ou laïc, dont saint Jean avait à se plaindre beaucoup.

La dernière des Epîtres catholiques est la lettre de l'apôtre Jude. L'auteur rappelle aux fidèles qu'ils doivent fuir les hérétiques, dont le nombre allait toujours croissant parmi eux.

Notre Bible chrétienne se clôt par l'Apocalypse, œuvre de Jean l'évangéliste. Ce livre renferme et décrit les visions que l'apôtre eut dans l'île de Patmos, — visions symboliques très mystérieuses, où se déroule l'histoire de l'Eglise, en commençant par les persécutions qui l'assaillirent dès le début, et en finissant par les luttes suprêmes qui marqueront la défaite de Satan et le triomphe de Jésus-Christ.

Tel est l'ordre harmonique des écrits du Nouveau Testament.

(1) Cf. CORNELY, *Introd. spec.*, p. 683, éd. 2.

§ II. — Les autographes ou les manuscrits originaux de la Bible chrétienne.

Jésus-Christ n'a rien écrit. La Bible chrétienne, nous venons de le voir, est tout entière l'œuvre des apôtres, ou de leurs disciples, — Marc et Luc.

Le lecteur sera sans doute heureux de connaître la manière dont les évangélistes et les autres écrivains du Nouveau Testament s'y prirent pour composer et rédiger leurs livres.

Nous savons, en effet, *sur quoi* les apôtres écrivirent. Eux-mêmes nous renseignent à cet égard. Ils parlent de χάρτης (*2 Jean*, v, 12), de μεμβράναι (*2 Tim.*, IV, 13), de κάλαμος (*3 Jean*, v, 13), de μέλαν (*2 Cor.*, III, 3, etc.).

Le χάρτης était une sorte de papier qu'on préparait avec les follicules du papyrus égyptien (1). « On les mettait, lisons-nous dans Privat-Deschanel (2), les unes à côté des autres, longitudinalement, les recouvrant ensuite de bandes transversales ; cette réunion composait une feuille et vingt feuilles réunies formaient une main de papier. Mises en presse, on les faisait ensuite sécher au soleil, puis on les polissait avec la pierre ponce. » — Le χάρτης différait des μεμβράναι, ou parchemin proprement dit. Ces μεμβράναι étaient faites de peaux d'animaux. — On roulait les feuillets de parchemin et de papyrus et l'on avait ainsi des βιβλία εἱλισσόμενα (*Apoc.*, VI, 14), ou *volumina*.

Quant au κάλαμος, c'était une légère tige de roseau taillée au canif et qui laissait couler l'encre. — On appelait μέλαν, l'encre dont on se servait. Elle était ordinairement noire, comme le nom l'indique ; on la fabriquait souvent avec de la suie.

Tel fut le matériel que les apôtres employèrent selon toute probabilité pour leurs manuscrits.

(1) Le papyrus est une plante de la famille des cypéracées.

(2) *Dictionnaire génér. des sciences*, s. v. *papyrus*.

Nous savons aussi *comment* ils rédigèrent leurs livres. A l'exemple des anciens, ils durent se servir de secrétaires (ταχύγραφοι, *amanuenses*), à qui ils dictaient. C'était sûrement la méthode de saint Paul, car nous le voyons mentionner expressément les cas où il lui plut d'écrire lui-même (1), et marquer le moment précis où il prit la plume pour ajouter, de sa main, le mot final (3). Un de ses secrétaires se nommait Τέρτιος (2).

La *forme* de l'écriture adoptée par les écrivains de la Bible chrétienne nous est moins connue. Cependant il y a vraisemblance qu'ils choisirent les caractères de l'alphabet grec en usage dans le monde hellénique depuis Platon (4). On employait alors, tantôt l'écriture cursive et tantôt l'écriture onciale (5), mais plus souvent cette dernière qui dut, par conséquent, être celle des autographes sacrés (6). Ceux-ci n'offraient, croyons-nous, aucun signe orthographique (points, esprits, accents), et tous les mots du texte se touchaient.

Il est certain que les autographes de la Bible chrétienne ne furent pas conservés longtemps dans les Eglises. On croit qu'il en existait encore quelques-uns, au moins à l'état fragmentaire, du vivant de saint Ignace d'Antioche (7), mais vers la fin du IIe siècle ils avaient tous disparu. De vrai, les Pères de cette époque — saint Irénée, Clément d'Alexandrie, Tertullien, etc., — n'en parlent point et n'y recourent jamais, « ce qu'ils n'auraient pas manqué de faire, observe Richard Simon, s'il y en avait eu quelques-uns de leur temps ».

Trois causes surtout amenèrent cette prompte dis-

(1) Cf. *Gal.*, VI, 11 ; *Philem.*, 19.

(2) *1 Cor.*, XVI, 21 ; *Coloss.*, IV, 18 ; *2 Thessal.*, III, 17.

(3) Cf. *Rom.*, XVI, 22.

(4) Cf. PHILIPPE BERGER, *Histoire de l'écriture dans l'antiquité*, pp. 141-142.

(5) Ainsi appelée parce que les lettres étaient carrées et droites.

(6) Cf. GUNTNER, *Introd. in sacros N. T. libros*, p. 15.

(7) Cf. *Leçons d'introd. génér.*, p. 262.

parition des autographes du Nouveau Testament. D'abord le peu de solidité des manuscrits. L'usage qu'on en faisait journellement dut vite détériorer le mince feuillet de papyrus ou le léger parchemin sur lesquels les apôtres avaient écrit. Ensuite on ne peut douter que de fort bonne heure, les fidèles et les chefs des Eglises ne se soient servis des collections, préférablement aux manuscrits originaux. Les recueils, plus recherchés parce qu'ils étaient plus complets, firent donc oublier peu à peu les autographes, d'autant que ces derniers, ayant été rédigés par des secrétaires, ne jouissaient aux yeux des fidèles que d'une vénération relative. Ajoutons que les persécutions contraignirent plus d'une fois les chrétiens à cacher les originaux sacrés ; on finit par en égarer plusieurs ; peut-être en détruisit-on quelques-uns, plutôt que de les livrer aux Juifs (1).

De nombreuses copies des autographes du Nouveau Testament parurent dès le Ier siècle. Elles se multiplièrent davantage encore au cours des âges suivants. Ce qui explique la multitude de variantes que renferma, dès l'origine, le texte de la Bible chrétienne.

§ III. — Les premières collections de la Bible chrétienne.

Certainement, il y eut du vivant des apôtres quelques collections, au moins partielles, de la Bible chrétienne. Pour sa part, saint Pierre (2) atteste l'existence, à son époque, d'un recueil des Epîtres pauliniennes. Le témoignage du Chef du collège apostolique remonte à la fin de 66 ou au commencement de 67. A cette date, saint Paul avait composé déjà toutes ses lettres, sauf peut-être la deuxième à Timothée. On

(1) Cf. TIFFENSEE, *Disput. de autogr. bibl. jactura*, pp. 25, 33.
(2) Cf. *II Pet.*, III, 15, 16.

est donc en droit de supposer que la formule employée par saint Pierre : *Omnibus epistolis*, πάσαις ταῖς ἐπιστόλαις, désigne une collection partielle, sinon complète encore, des Epîtres du grand Apôtre.

D'ailleurs, à la manière dont saint Jacques cite l'Epître aux Romains (1), à la manière aussi dont saint Paul cite le troisième Evangile (2), on se persuade sans peine que les fidèles collectionnaient et gardaient précieusement devers eux les livres du Nouveau Testament, avant même la mort des écrivains sacrés. — N'est-ce pas encore ce qu'il est permis de conjecturer de la recommandation que faisait l'Apôtre aux Colossiens, de communiquer sa lettre aux Laodicéens, et, réciproquement, d'emprunter aux Laodicéens celle qu'il leur avait envoyée (3).

Il y a plus. Les conditions dans lesquelles furent fondées les premières communautés chrétiennes exigeaient, en quelque sorte, que des collections, au moins partielles, des livres de la Bible chrétienne, fussent faites de très bonne heure, et un peu partout, pour l'usage des fidèles. « Une chose, dit Reithmayr (4), contribua puissamment à la collection uniforme des écrits du Nouveau Testament : ce fut le système des « métropoles ». Les apôtres eurent soin de choisir les capitales des provinces pour en faire le centre de leur évangélisation. « Du sein de ces métropoles la parole écrite se répandit dans les régions environnantes, et les Eglises apostoliques, qui avaient reçu les Ecritures de première main, devinrent les mères d'autres Eglises qui se rattachaient à elles comme leur devant l'existence. » Ainsi c'est d'un foyer central que chaque groupe d'Eglises recevait d'ordinaire la discipline, la

(1) Cf. *Jac.*, IV, 1 coll. *Rom.*, VII, 23; *Jac.*, I, 4 coll. *Rom.*, VIII, 7 ; etc.

(2) Cf. *I Tim.*, V, 18 coll. *Luc.*, X, 7.

(3) Cf. *Colos.*, IV, 16

(4) *Introduction au N. T.*, t. I, pp. 44-45 ; trad. de Valroger.

doctrine et les Ecritures. Cette transmission était d'autant plus facile, que des relations incessantes et multipliées existaient entre les différentes communautés chrétiennes. Rien d'important ne pouvait se passer dans une Eglise sans que les autres en fussent informées presque immédiatement.

On s'explique dès lors comment chaque chrétienté, qui recevait un écrit composé pour elle, devenait un témoin de la provenance apostolique de cet écrit. La lecture publique qu'on en devait faire dans les assemblées saintes, certifiait encore cette origine. Par conséquent, les autres Eglises qui demandaient et à qui l'on transmettait ces écrits, recevaient avec eux l'attestation authentique de leur origine sacrée. De cette sorte, les collections se firent peu à peu. On se les passa de mains en mains ; on les transcrivit ; on les garda précieusement au sein des Eglises.

Ainsi commencèrent les premières collections de la Bible chrétienne.

Aux temps apostoliques, c'est-à-dire depuis la fin du Ier siècle jusque vers le milieu du IIe, les Pères et les écrivains ecclésiastiques mentionnent clairement l'existence de collections renfermant déjà la plupart des livres du Nouveau Testament. N'est-ce pas ce que saint Ignace d'Antioche atteste lorsqu'il écrit aux Smyrniotes : « Il faut vous en rapporter... surtout à l'*Evangile dans lequel* la passion du Christ est racontée et sa résurrection démontrée ». Et ailleurs, parlant des Docètes : « Ni les *Prophéties*, dit-il, ni la loi, ni l'*Evangile*, n'ont pu les convaincre ». Enfin, aux Philadelphiens : « Je recours, affirme-t-il, à l'*Evangile* et aux *Apôtres*... Aimons aussi les *Prophètes.* » On ne pouvait mieux spécifier les deux principales parties de la Bible chrétienne qui est composée effectivement des Evangiles — τὸ Εὐαγγέλιον, et des écrits des apôtres — οἱ Ἀπόστολοι.

Saint Polycarpe avait en mains un recueil complet, ou à peu près complet, du Nouveau Testament, car il emprunte beaucoup de textes, non seulement aux Evangiles de saint Matthieu et de saint Luc et aux Actes, mais aux Epîtres de saint Paul, spécialement à celles aux Romains, aux Corinthiens, aux Galates, aux Ephésiens, aux Philippiens. Reuss fait à ce propos une très juste remarque. « Les textes sacrés sont exploités par eux (les Pères apostoliques), de façon qu'il est impossible de s'y tromper. En certains endroits, les exhortations revêtent les formules employées par leurs illustres prédécesseurs (les apôtres), et l'on se convainc facilement que les écrivains de cette seconde génération faisaient déjà une étude des autres de la première... Clément, Ignace, Polycarpe parlent nominativement de certaines Epîtres de Paul, en écrivant aux Eglises qui les avaient reçues. Ils en parlent comme de documents appartenant encore à ces Eglises, comme étant leur héritage spécial. Ils en parlent pour les leur rappeler, pour les exhorter à les relire et à les méditer (1). » En conséquence, ne fallait-il pas que des recueils de ces écrits apostoliques fussent aux mains des fidèles, dans les premières années du IIe siècle ? Les hérétiques eux-mêmes en possédaient : témoin Valentin, Basilide, Marcion. Ce dernier, qui vint à Rome vers 158, se servait d'une collection assez arrêtée, quoique incomplète. Il divisait la Bible chrétienne en deux sections, l'*Evangile* et l'*Apôtre*. L'*Evangile* comprenait seulement les récits (mutilés) (2) de saint Luc ; l'*Apôtre* ne contenait que dix Epîtres de saint Paul. Nous croyons que l'hérésiarque dut se servir précisément de la collection sacrée en usage dans l'Eglise à son époque, mais qu'il l'abrégea au moyen de suppressions arbitraires et sous l'influence d'un système préconçu.

Retenons comme certain : 1° que le recueil évangélique ou l'Εὐαγγέλιον (saint Matthieu, saint Marc, saint Luc, saint Jean), fut déterminé en fait dès l'an 120 ou

(1) *Histoire du Canon*, pp. 23-24.

(2) Cf. IRÉNÉE, *Adv. hæres.*, I, 27, 2 ; TERTULLIEN, *Adv. Marcio.*, IV, 5.

130 ; — 2° que le recueil à peu près complet (moins l'Epître à Philémon, dont on ne retrouve pas clairement la trace), des Epîtres de saint Paul, ou l'Ἀπόστολος fut constitué à la même époque ; — 3° que l'Apocalypse (au moins en Asie-Mineure), et trois des Epîtres catholiques (1re de saint Pierre, 1re de saint Jean et celle de saint Jacques), jouirent, dès le commencement du IIe siècle, d'une autorité incontestée (1).

Quant aux Actes, ils suivirent probablement les destinées du troisième Evangile et devinrent une annexe de l'Εὐαγγέλιον. Il se peut aussi que les Epîtres de saint Jean furent adjointes au quatrième Evangile. Donc, sur les vingt-sept livres de la Bible chrétienne, *cinq* seulement : l'Epître à Philémon, l'Epître de saint Jude, la seconde Epître de saint Pierre, la deuxième et la troisième de saint Jean, furent laissées dans l'ombre au commencement du IIe siècle.

Ce sont ces écrits surtout qui, avec l'Apocalypse, fournirent matière à quelques discussions dans les âges suivants.

§ IV. — La Bible chrétienne dans l'Eglise au IIe et au IIIe SIÈCLE.

Un protestant, M. Sabatier, l'a remarqué : Le Canon du Nouveau Testament s'est formé d'après celui de l'Ancien. C'est vers ce type absolu que tendit, dans son développement progressif, le nouveau Canon de l'Eglise. « A la fin du IIe siècle, cette notion idéale était atteinte (2). » On peut affirmer au moins que, à cette époque, les collections des principales Eglises d'Orient et d'Occident, si on les prend dans l'ensemble, renfermaient tous les livres de la Bible chrétienne, *sauf la deuxième Epître de saint Pierre.*

Ouvrons saint Justin, par exemple. Il signale préci-

(1) Voir nos *Leçons d'Introduction générale.*

(2) Voir article *Canon de N. T.*, dans l'*Encyclopédie* de Lichtenberger, t. II, p. 534.

sément les deux parties du recueil sacré : 1° les 'Απομνημονεύματα ou « Mémoires », qu'il appelle aussi Εὐαγγέλια, et 2° οἱ 'Απόστολοι. Les « Mémoires », selon lui, forment deux séries, comprenant l'une les livres qui sont l'œuvre des apôtres et l'autre les livres écrits par leurs disciples. Pouvait-on mieux distinguer les Evangiles de Matthieu et de Jean des Evangiles de Marc et de Luc ? Quant à l''Αποστολικόν, saint Justin n'y fait entrer expressément que l'Apocalypse. Mais il n'ignorait pas pour cela l'existence des Actes, des Epîtres de saint Paul (excepté peut-être de l'Epître aux Hébreux), de l'Epître de saint Jacques, des deux premières de saint Pierre et la première de saint Jean, car saint Justin les cite dans ses ouvrages. Seules, l'Epître de saint Jude, la deuxième de saint Pierre, la deuxième et la troisième de saint Jean ne furent point utilisées par lui.

Saint Irénée, disciple de saint Polycarpe et évêque de Lyon, est très précis, au moins en ce qui concerne l'Εὐαγγέλιον : « *Quatre* Evangiles, dit-il... ni plus ni moins. » Son 'Αποστολικον serait peut-être plus vaguement délimité. Cependant, les critiques les plus difficiles reconnaissent aujourd'hui que saint Irénée adopta tous les écrits du Nouveau Testament, à l'exception de l'Epître aux Hébreux et de la deuxième de saint Pierre.

Tatien et saint Théophile d'Antioche admirent l'Epître aux Hébreux et lui firent des emprunts.

Somme toute, la deuxième lettre de saint Pierre est le seul écrit qu'on ne trouve point dans la Bible chrétienne à la fin du IIe siècle.

Il en fut de même pendant le IIIe.

Tertullien et l'Eglise d'Afrique lisaient tous les livres du Nouveau Testament, sauf la deuxième Epître de saint Pierre, la lettre de saint Jacques et l'Epître aux Hébreux. — Chez les Pères grecs, à Alexandrie surtout, l'intégralité du recueil s'affirma davantage. Ainsi Clément d'Alexandrie recevait tous les Evangiles avec les Actes, et toutes les Epîtres, excepté toujours la deuxième de saint Pierre. — Mais son disciple, Origène, a dressé une liste *complète*, tout en répartissant les livres de la Bible chrétienne en deux catégories : les γνήσια ou écrits incontestés sur lesquels régnait un accord unanime, et les ἀμφιβαλλόμενα ou écrits contestés, parmi lesquels il comptait l'Epître de saint Jacques, celle de saint Jude, la deuxième de saint Pierre, la deuxième et la troisième de saint Jean avec quelques apocryphes.

Chose étrange, dans le IIIe siècle commença à se dessiner un courant défavorable à l'Apocalypse. Même à Rome, sous le pontificat de saint Zéphyrin (200-217), un prêtre, Caïus, nia l'authenticité de la révélation de saint Jean, sous prétexte de faire pièce au montaniste Proclus, qui empruntait à ce livre ses principaux arguments. Saint Hippolyte réfuta Caïus et l'opinion de ce dernier resta sans écho en Occident.

En Orient, Denys d'Alexandrie reprit la thèse du prêtre de Rome. Sans aller jusqu'à mettre en doute l'inspiration de l'écrit johannique, il en contesta l'origine, croyant enlever par là aux millénaires qu'il combattait une source de preuves autorisées.

Tel était l'état de la Bible chrétienne à la fin du IIIe siècle.

§ V. — La Bible chrétienne depuis le IVe siècle jusqu'au concile de Trente.

Parmi les recueils du Nouveau Testament au IVe siècle un des plus célèbres est celui de l'historien Eusèbe. Il parut vers 326 (1). La Bible chrétienne y est divisée en trois sections : la section des ὁμολογούμενα, livres que tous acceptaient ; la section des ἀντιλεγόμενα, livres plus ou moins contestés ; la section des ἄτοπα καὶ δυσσεβῆ, livres à rejeter. Disons tout de suite que cette dernière section comprenait des ouvrages hérétiques, tels que les évangiles de Pierre, de Thomas, etc.

La section des ὁμολογούμενα renfermait la sainte té-

(1) Cf. *Hist. eccles.*, III, 25.

trade des Evangiles, les Actes, les quatorze Epîtres de saint Paul, les premières de saint Jean et de saint Pierre, enfin l'Apocalypse, mais avec cette clause : εἴγε φανείη (*si l'on juge à propos de l'insérer*).

La section des ἀντιλεγόμενα était subdivisée : il y avait le groupe des γνώριμα τοῖς πολλοῖς, livres reçus par le grand nombre, et le groupe des νόθα, livres supposés, apocryphes, ou admis pendant quelque temps par des Eglises particulières. Dans le premier groupe se trouvent l'Epître de saint Jacques, celle de saint Jude, la deuxième de saint Pierre, la deuxième et la troisième de saint Jean. Dans le second étaient insérés les Actes de Paul, le Pasteur d'Hermas, etc., et « si l'on voulait » (εἴγε φανείη), l'Apocalypse de saint Jean.

En fait, ce dernier livre seul causait quelque embarras à Eusèbe. Personnellement il dut être incliné à le rejeter pour ce motif, sans doute, que l'Eglise de Palestine où il vivait ne recevait pas cet écrit pour la lecture publique au IVe siècle (1) ; cependant Eusèbe s'est gardé de trancher la question ; il lui suffisait de constater, en sa qualité d'historien, le conflit qui existait relativement à l'Apocalypse entre la tradition primitive et les tendances récentes.

Quoiqu'il en soit, les Eglises d'Occident n'en affirmèrent pas moins, pendant le IVe siècle, leur foi à l'intégralité de la Bible chrétienne, soit par l'admission de la deuxième Epître de saint Pierre et de la lettre aux Hébreux, soit par l'exclusion de la littérature apocryphe. Saint Augustin et saint Jérôme contribuèrent à produire ces heureux résultats, le premier, en dressant au livre IIe de sa *Doctrina christiana* une liste des écrits du Nouveau Testament complète et exclusive, et le second en énumérant comme « Ecritures divines » les quatre Evangiles, les Actes, les Epîtres de saint Paul, même la lettre aux Hébreux (2), laquelle

(1) Cf. CYRILLE de Jérusalem, *Catech.*, IV, 36 ; XV, 16.

(2) Le catalogue de Cheltenham nous apprend qu'il la regardait comme sacrée et canonique. Voir VIGOUROUX, *Dictionn. de la Bible*, t. II, col. 176.

pourtant, « plerisque extra numerum ponitur (1) » les sept Epîtres catholiques et l'Apocalypse (2).

Trois conciles tenus en Afrique se prononcèrent dans le même sens, savoir, le concile d'Hippone (393), le troisième et le sixième concile de Carthage (397 et 419). Il y a plus : le pape Innocent I sanctionna le catalogue scripturaire de Carthage dans une lettre envoyée par lui en 405 à saint Exupère, et le pape saint Gélase consacra ce même recueil par un décret synodal, vers l'an 495. Rome avait parlé, la question du contenu de la Bible chrétienne était donc tranchée définitivement, au moins pour les Latins. Aussi c'est à peine si l'on rencontre de loin en loin, pendant le moyen âge, en Occident, quelque mention des anciens doutes.

En Orient, pendant les IVe et Ve siècles, plusieurs Eglises — celles de Palestine, d'Asie-Mineure, d'Antioche et d'Edesse — se montrèrent encore défavorables à l'autorité de quelques livres de la nouvelle alliance, tels que l'Apocalypse et les quatre petites Epîtres catholiques (deuxième de saint Pierre, deuxième et troisième de saint Jean et la lettre de saint Jude). Mais, dès le VIe siècle, et surtout à partir du VIIe, le désaccord cessa. Le concile *in Trullo* (692) approuva purement et simplement la Bible tout entière, telle que l'avaient admise les conciles d'Hippone et de Carthage.

La question du Canon était donc réglée. Les grands conciles de Florence (1439-1445), et de Trente (1546), ne firent que ratifier solennellement l'unanime croyance des Eglises, quand ils proclamèrent que la Bible chrétienne contient *vingt-sept* livres inspirés et canoniques.

Pour tout catholique l'histoire du Canon du Nouveau Testament se termine au milieu du XVIe siècle.

(1) Cf. *De Vir. illust.*, cap. 5; *Ad Dardan.*, ep. 129, n. 3.
(2) *Ad Paulin.*

CHAPITRE III

LA BIBLE TRADUITE DANS L'ÉGLISE

§ I. — Les premiers essais de traductions latines de la Bible dans l'Eglise.

Nos saints livres furent composés en hébreu et en grec. Le moyen, par conséquent, de lire la Bible pour les fidèles qui ignoraient ces deux langues?

Avant Jésus-Christ les Septante durent traduire en grec les livres hébreux de l'ancienne alliance pour les Juifs hellénistes. Après Jésus-Christ, la nécessité d'avoir des versions devint encore plus grande pour tous.

Notre intention n'est pas de faire l'histoire de toutes les traductions qui parurent dès les premiers siècles en Egypte et en Syrie, en Ethiopie, en Arménie, chez les Arabes, chez les Slaves et ailleurs. Il suffira de mettre le lecteur au courant des premiers essais que l'on fit dans l'Eglise latine pour permettre aux fidèles de lire avec intelligence « la parole de Dieu ».

De fort bonne heure, l'Occident chrétien lut en latin les livres des deux Testaments. Des versions en cette langue se répandirent très vite à Rome, en Italie, en Afrique, en Espagne et dans les Gaules, notamment dans les Eglises de Lyon, de Vienne, d'Arles, etc. La Bible ainsi traduite est appelée ordinairement *Itàla* ou encore « Bible préhiéronymienne ». Elle précéda, en effet, la version des livres saints dite « Vulgate », qui est l'œuvre de saint Jérôme.

On croit que les premiers essais d'une version latine — *complète et pour l'usage public* — des Ecritures furent tentés en Afrique. C'est l'opinion d'Eichhorn, de

Wiseman, de Rœnsch, etc. Et de vrai, le latin fut la langue officielle de l'Eglise en Afrique, dès les premiers temps, tandis que le grec resta l'idiome courant jusqu'à la fin du IIIe siècle à Rome et en Italie (1). Le latin avait pénétré dans l'Afrique proconsulaire avec les vainqueurs de Carthage. Il y avait détruit en grande partie les langues indigènes. De là vient sans doute qu'on ne compte pas un seul écrivain ecclésiastique africain qui se soit servi du grec. Tertullien, saint Cyprien, Lactance, Minutius Félix, pour ne parler que des plus anciens, ont composé en latin leurs ouvrages. C'est en latin qu'on prêchait à Carthage, à Hippone, etc.; on y célébrait en latin la liturgie. Il est donc vraisemblable qu'on publia dès le commencement en Afrique une traduction latine de la Bible à l'usage des fidèles.

Quant au temps où cette traduction fut entreprise, nous ne pouvons pas le fixer. Tertullien déclare que la Bible latine était à son époque (160-240) aux mains de tous depuis de longues années : *In usum exiit*, dit-l ; *jam in usu est nostrorum*. Cela nous reporte vers le milieu du second siècle. Saint Augustin remonte plus haut : *Primis fidei temporibus*. Donc, à l'origine même du christianisme, on se mit à traduire les saints livres.

En même temps, des versions *partielles et pour l'usage privé* parurent et circulèrent à Rome même, en Italie et dans les Gaules. N'en avons-nous pas déjà une preuve dans ces divergences que présentent les fragments de la Bible préhiéronymienne, soit sous la plume des Pères, soit dans les manuscrits ? Ces variantes sont trop nombreuses et la plupart paraissent trop irréductibles pour qu'on ne les rattache pas à plusieurs versions ou groupes de versions indépendantes. D'ailleurs les Pères s'expriment assez explicitement là-dessus. Ils parlent de *plusieurs* traducteurs : *translatores, interpretes de græco*. Saint Jérôme, par exemple, écrit dans sa *Préface aux Evangiles :* « Si l'on veut avoir la véritable leçon, il faut

(1) Voir nos *Leçons d'introd. génér.*, p. 325.

recourir à l'original grec, et corriger d'après les sources ce qui a été mal rendu par *des interprètes* infidèles, corrigé maladroitement par des présomptueux inhabiles, amplifié ou modifié par des copistes distraits. » Le saint Docteur distingue nettement *les traducteurs* (interpretes) proprement dits des reviseurs ou des simples copistes, et il affirme que les premiers étaient en grand nombre. — C'est ce que nous apprend, de son côté, saint Augustin : « Les Latins, dit-il, ont besoin pour la connaissance des Ecritures de deux autres langues, la langue hébraïque et la langue grecque, afin que si l'*infinie variété des interprètes latins* les jette dans le doute, ils puissent recourir aux textes originaux (1) ». Il ajoute : « Ceux qui ont *traduit* les Ecritures de l'hébreu en grec peuvent être comptés ; mais les *interprètes latins* sont innombrables ». Et il en donne cette raison « qu'aux origines de la foi le premier venu, s'il lui tombait dans les mains un texte grec et qu'il crût avoir quelque connaissance de l'une et de l'autre langue, se permettait de le traduire ».

Quant à ces traducteurs, nous ne savons rien d'eux. Les critiques qui attribuent une de ces versions à saint Pierre (2), ne peuvent établir sérieusement leur opinion. Nous pensons que la Bible préhiéronymienne fut le résultat de travaux privés, œuvres de chrétiens demeurés inconnus, simples laïques peut-être, mais plus probablement diacres, prêtres ou évêques. Ils se servirent de l'édition courante ou Vulgate (κοινὴ ἔκδοσις) des Septante pour la partie de l'Ancien Testament, et du texte grec original pour la partie du Nouveau.

Il est vraisemblable qu'on mit en latin d'abord l'un ou l'autre des trois Evangiles synoptiques. Les autres livres — quatrième Evangile, Epîtres — s'étant répandus peu à peu en Occident, furent traduits aussi pour l'usage du peuple ou du clergé. Enfin, les écrits de l'ancienne alliance le furent à leur tour.

(1) *De doct. christ.*, lib. II, cap. 11.

(2) Ils s'autorisent d'un texte de Rufin. Cf. *Apologia*, lib. II, n. 33.

Le texte de ces vieilles versions latines ne nous est point parvenu en entier. — Pour l'Ancien Testament, nous n'avons d'à peu près complet *en manuscrits* que le Pentateuque, Esdras et les psaumes. Quelques fragments des autres livres ont survécu. — Par contre, le Nouveau Testament a été conservé au complet. Ainsi, nous possédons tous les Evangiles, les Actes, tout saint Paul, ensemble dans un certain nombre de manuscrits; de même toutes les Epîtres catholiques ensemble dans un même recueil. Nous avons l'Epître de saint Jacques à part et l'Apocalypse également à part dans un manuscrit.

On trouve encore des fragments de ces versions latines dans les citations des anciens Pères, principalement de saint Irénée, de Tertullien, de saint Cyprien, etc.; dans la liturgie de l'Eglise, dans le Missel, par exemple dans les *Introïts,* les *Graduels,* les *Offertoires,* les *Communions;* enfin, dans le Bréviaire, par exemple dans les *Répons* et les *Antiennes*.

Mais la traduction latine des livres saints la plus répandue parmi nous, celle qui, à partir du IVe siècle, devint pour le fond la Bible officielle de l'Eglise de Rome et d'Occident, est la version hiéronymienne, dite Vulgate de saint Jérôme.

Parlons-en.

§ II. — La version latine officielle et authentique.

Ceux de nos lecteurs qui comprennent le latin aiment sans doute à lire quelquefois la Bible en cette langue. Tous, au moins, ont sûrement entendu lire les Evangiles et les Epîtres les jours de dimanches et de fêtes. Or, ces lectures liturgiques et la Bible latine sont une traduction des Ecritures composée ou revisée par saint Jérôme. Le concile de Trente a déclaré cette version *authentique* et a voulu qu'on n'en employât pas d'autres (en latin) en chaire, dans les académies, dans les cours publics. Il n'est donc permis à personne de la rejeter;

tous doivent l'admettre et la respecter. Aussi, cette version est appelée *Vulgate*, parce qu'elle est d'un usage courant, universel, dans l'Eglise.

Saint Jérôme se plaignait beaucoup du mauvais état de la Bible latine à son époque. Comme il était à Rome en 383, le pape saint Damase lui conseilla de réformer les traductions latines des livres saints. Le saint Docteur se mit à l'œuvre en commençant par les Evangiles. Les Evangiles revisés, il retoucha successivement les autres livres du Nouveau Testament, comme il le déclare dans une lettre à Lucinius : *Novum Testamentum græcæ reddidi auctoritati.* L'expurgation de cette partie de la Bible pressait davantage, car ces livres étaient lus et utilisés très fréquemment, ils offraient aussi de plus nombreuses divergences ou altérations. Tout ce travail demanda deux ans et demi environ. Saint Jérôme quitta Rome en 385.

Plus tard, de 390 à 405, étant à Bethléem, il traduisit d'après l'original même les livres hébreux de l'Ancien Testament (1). Nous ne savons pas trop par quel livre il commença, peut-être se contenta-t-il de publier ses traductions au fur et à mesure que ses amis les lui demandaient. Ne serait-ce point pour cette raison que les préfaces de chaque livre ou de chaque groupe de livres traduits contiennent d'ordinaire les noms de ceux à qui la version est destinée ? Ce qui est sûr, c'est que dans l'intervalle de trois années — de 390 à 392 — saint Jérôme traduisit de l'hébreu en latin vingt-deux livres entiers, savoir : tous les Prophètes, à l'exception de *Baruch,* dont le texte original était perdu, les deux livres de *Samuel,* les deux livres des *Rois, Job* et les psaumes. Vers le même temps, sinon déjà avant l'année 392, il traduisit du chaldéen, *Tobie* et *Judith.* La version de *Tobie* ne lui demanda qu'un jour (2).

(1) Il avait auparavant revisé l'Ancien Testament sur le texte hexaplaire des Septante. Mais ce travail ne le satisfaisait point; il voulut mieux faire. Voir nos *Leçons d'introd. générale*, pp. 337-338.

(2) Cf. *Præf. in lib. Tobiæ.*

En 393 et 394, il acheva la traduction des deux livres d'*Esdras* et de *Néhémie* et des deux livres des *Paralipomènes*. En trois jours, dans une des années 396 ou 397, il traduisit les *Proverbes*, l'*Ecclésiaste* et le *Cantique des Cantiques*. Saint Jérôme finit par le Pentateuque et par les livres de *Josué*, d'*Esther*, des *Juges* et de *Ruth*, qu'il traduisit de 398 à 405.

Ainsi, l'Ancien Testament hébreu *tout entier* se trouva mis en latin par saint Jérôme dès les premières années du ve siècle, — à l'exception des parties deutérocanoniques de *Daniel* (III, 24-90; XIII, XIV) et d'*Esther* (X, 4-XVI, 24), du livre de la *Sagesse* et du 2e des *Machabées*, du livre de *Baruch*, du 1er des *Machabées* et de l'*Ecclésiaste*.

On voit dans quelle mesure saint Jérôme est l'auteur de la version Vulgate ou de notre Bible latine. En réalité, il n'a traduit sur l'original que trente-neuf livres, savoir : les protocanoniques (1) de l'Ancien Testament (hormis le psautier) et les deutérocanoniques *Tobie* et *Judith*. Les autres parties et le Nouveau Testament tout entier sont conservés de la vieille *Itala*, après avoir été revisés par le saint Docteur.

On nous demandera peut-être de qui est la traduction des psaumes, — si peu claire souvent, — que nous lisons dans nos Bibles.

Que le lecteur sache donc que saint Jérôme travailla sur le psautier à *trois* reprises différentes. Une première fois à Rome. C'est alors qu'il revisa « en grande partie » les psaumes, d'après les Septante, mais seulement « en passant et à la hâte (2) ». Cette première recension hiéronymienne du psautier est désignée sous le nom de *psalterium romanum*. — Plus tard, à Bethléém, le saint Docteur expurgea de nouveau les psaumes. Ce travail diffère du précédent en ce que saint Jérôme a marqué

(1) Dans les *Rois* et dans les *Proverbes* beaucoup de versets ne sont pas de la traduction de saint Jérôme, mais appartiennent à de plus anciennes versions.

(2) Cf. *Præf. in psalter.* (secund. LXX).

de signes conventionnels les additions faites par les Alexandrins au texte original, ainsi que les lacunes de la vieille version latine par rapport à l'hébreu. Les passages qui manquaient il les ajouta après les avoir traduits en latin sur le grec de Théodotion (1). Cette seconde recension hiéronymienne porte le nom de *psalterium gallicanum*, parce qu'elle fut reçue et usitée d'abord dans les Eglises des Gaules. — Enfin, notre Docteur traduisit de l'hébreu en latin tous les psaumes, de 390 à 392. Cette version, fort bien faite dans son ensemble, ne fut point adoptée (2). On la trouve dans les œuvres complètes de saint Jérôme.

La traduction que nous lisons présentement est celle du *psalterium gallicanum*. Les psaumes du bréviaire actuel ont été pris là. On s'expliquera donc bien les défauts visibles de notre vieux psautier, qui n'est, en réalité, qu'une version de version, c'est-à-dire l'ancienne traduction latine préhiéronymienne du texte grec de la κοινή des Septante. Le latin qu'on y lit est un latin assez vulgaire, celui du peuple et de la conversation, mêlé d'hébraïsmes, de grécismes et d'africanismes.

La Vulgate de saint Jérôme suscita, dès son apparition, maintes controverses. Le Docteur s'en plaignait parfois : *Canino dente me rodunt*, écrivait-il de ses détracteurs. Elle trouva cependant un sympathique accueil chez beaucoup. Avant même la mort de son auteur, elle était répandue en Afrique, dans les Gaules, en Espagne et jusqu'en Orient, où on la traduisit. Bientôt, les souverains pontifes et les écrivains ecclésiastiques s'en servirent et la recommandèrent. A partir du IXe siècle

(1) Théodotion est un traducteur grec des livres hébreux de l'Ancien Testament, qui vivait vers le milieu du IIe siècle.

(2) Il aurait été malaisé, remarque D. Calmet, de désaccoutumer les peuples d'un psautier auquel ils avaient été habitués dès l'enfance, pour leur en faire prendre un tout nouveau. Rome, qui évite toujours de froisser la foi de ses fidèles, tint à conserver l'ancienne version, si imparfaite que celle-ci soit d'ailleurs.

et pendant le moyen âge, on peut dire qu'elle demeura la Bible courante des Eglises latines. On la trouvait aux mains de tous les interprètes, des prédicateurs et des fidèles. Pour expliquer cette diffusion universelle, Vercellone et Lamy prétendent qu'un décret conciliaire avait prescrit qu'on se servirait d'elle désormais. Cette supposition n'est nullement nécessaire. La Vulgate s'imposa grâce aux qualités de littéralisme et de fidélité qui la distinguent. Au reste, l'exemple de l'Eglise de Rome qui, depuis saint Grégoire-le-Grand, la préférait à toutes les autres, contribua pour beaucoup à assurer son succès définitif.

Les limites de cet opuscule ne nous permettent pas de faire l'histoire complète de cette célèbre version; rappelons seulement que le texte de la Bible de saint Jérôme, à force d'être copié et recopié, subit de fort nombreuses altérations qui nécessitèrent des revisions critiques et des corrections. Les plus importantes sont celles que le concile de Trente ordonna dans sa session quatrième, le 8 avril 1546. Ces travaux furent commencés sous Paul III, Jules IV, Paul IV et Pie IV; Pie V, Grégoire XIII et surtout Sixte V les continuèrent activement; Grégoire XIV, Innocent IX et Clément VIII achevèrent. Ces papes furent secondés par toute une pléiade de savants. C'était sous Paul III et Jules III le fameux Guillaume Sirlet, plus tard cardinal; sous Pie IV, c'étaient les cardinaux Morone, Scotti, Amulio, Vitelli; sous Pie V et Sixte V c'étaient Caraffa, Colonna, de Miranda, etc. (1); sous Clément VIII, c'étaient les deux cardinaux Valère et Borromée et le docte jésuite Tolet.

L'édition officielle de la Vulgate ou de la Bible latine parut en 1592, avant la fin de l'année. Cette édition, à l'origine, portait simplement ce titre : *Biblia sacra Vulgatæ editionis Sixti V jussu recognita atque edita. Romæ.*

(1) Ils eurent pour collaborateurs de célèbres exégètes et théologiens du temps : Agelli, Bellarmin, Morin, Rocca, Valverde, Guill. Alan, etc.

Plus tard, on ne sait trop par qui, le nom de Clément VIII fut ajouté : *Biblia sacra... Sixti V jussu recognita et Clementis VIII auctoritate edita.* Cette Bible en latin est communément appelée *la Vulgate Clémentine.*

Telle est la version que les Pères du concile de Trente ont déclarée « authentique », c'est-à-dire fidèle et conforme en substance aux textes originaux dans tous les passages qui intéressent la foi ou les mœurs. Il ne s'ensuit pas qu'elle reproduise toujours le grec ou l'hébreu avec la dernière acribie. Comme n'importe quelle traduction, la Vulgate est défectueuse ici ou là. Saint Jérôme l'avouait le premier : *Melius reor proprium errorem reprehendere, quam dum erubesco imperitiam confiteri in errorem persistere, in eo quod transtuli.*

De nos jours, plusieurs critiques semblent s'être mépris sur le caractère de cette version, ou bien font de son authenticité une simple question de discipline. Bossuet n'est pas de cet avis ; il estime que « c'est penser trop indignement du décret, que d'en faire un simple décret de discipline ; il s'agit principalement de la foi (1) ». Et de vrai, l'Eglise, en choisissant la Vulgate parmi toutes les versions latines répandues au XVIe siècle, s'est proposé d'assurer aux fidèles un texte officiel où ils pourraient lire avec pleine et entière sécurité le *verbum Dei scriptum*, tel qu'il se trouve dans l'hébreu et le grec. Mais il reste évident que les critiques et les savants gardent la pleine liberté de consulter les versions plus anciennes, et *a fortiori* les textes primitifs, soit pour éclairer la Vulgate ou la corriger au besoin, soit pour saisir mieux les nuances de l'original. C'est ce que rappelait Léon XIII dans sa récente encyclique *Providentissimus Deus.*

(1) Cf. *Œuvres*, t. III, p. 420, éd. Lachat.

§ III. — Les vieilles Bibles françaises antérieures à l'imprimerie.

Reuss l'a constaté : « Aucun peuple moderne ne peut se comparer aux Français pour la richesse et l'antiquité de la littérature biblique... Les bibliothèques de la seule ville de Paris contiennent plus de manuscrits bibliques français que toutes les bibliothèques d'outre-Rhin ne paraissent en contenir d'allemands (1). » De fait, nos vieilles traductions françaises sont composées en toute espèce de dialectes : la langue d'oc et la langue d'oïl, le normand, le picard, le poitevin, le lorrain, le bourguignon, le limousin et le français proprement dit, y sont représentés.

Le psautier fut le premier livre mis en français (2). Nous possédons un psautier (3) qui date, croit-on, de la première moitié du XIIe siècle, sinon des dernières années du XIe. Voici les premiers versets du psaume I :

« Beoneuret li heom ki ne alat el cunseil de feluns ; e en la ueie de pecheurs ne stout e en la chaere des escharniseurs ne sist. »

« Mais en la lei del Seignur la uolentet de lui : e en la lei de lui penserat par iur e par nuit. »

Un autre psautier du même âge, celui de Montebourg, appelé aussi « psautier gallican (4) », n'est pas moins curieux à lire. Qu'on en juge par cette citation du *Super flumina Babylonis* :

« Sur les flums de Babilone iluec seimes e plorames : de-

(1) *Revue de théologie*, t. II, p. 3.

(2) Sam. Berger, *La Bible franç. au Moyen Age*, p. 1.

(3) On le désigne sous le nom de psautier *hébraïque* parce qu'il est une traduction de la version des psaumes composée par saint Jérôme directement sur l'hébreu.

(4) Parce qu'il est une traduction du texte latin du *psalterium gallicanum* de saint Jérôme.

mentres que nus recordiums de Syon. Es salz el milliu de li, suspendimes noz organes...

« Si je oblierai tei, Jerusalem, a obliance seil dunée la meie destre...

« Aerde la meie langue as meies jodes, si mei ne remembèrra de tei. .

« Fille de Babilone caitive : beneurez chi redunrad a tei la tue gueredunance la quele tu regueredunas a nus. Beneurez chi tendra, e esgenera les tues enfanz a la pierre. »

Nos lecteurs aimeront à lire l'*Oraison dominicale* dans le style français du XIIIe siècle. En voici une traduction trouvée dans un manuscrit du temps :

« Nostre Père ki es es ciels, li toens noens seit seintefié. Avienge li toens regnes. Seit faite ta volenté en terre si com ele feite el ciel.

« Nostre pain de chescun jor nus donez hui. Et pardones nus noz mesfaiz, si com nus pardonuns a ceus ki mesfait nus ont. Et ne suffrez que nus seium tempté, mes delivre nus de mal. Amen (1). »

La vieille version française des livres des *Rois* est encore supérieure à celle des psaumes que nous venons de citer. Au jugement de S. Berger, elle constitue un des plus beaux monuments de notre langue. Cette traduction nous a été conservée dans un manuscrit splendide du XIIe siècle, dit manuscrit des Cordeliers. Elle est en dialecte anglo-normand. En voici quelques passages.

Lorsque David s'aperçut que tous fuyaient devant le terrible Goliath, il se proposa pour le combattre et mit sa tête à prix :

« Dist David a ces ki esturent od lui : Que durreit l'um a celui ki cest Philistien ocireit, e la repruces de Israel enostereit ? Ki est cest ord paltunier ki fait tels repruces a la gent Deu ? (2) »

Et quand David revint victorieux devant Saül :

(1) Voir Samuel Berger, *Op. cit.*, passim.
(2) *I Rois*, XVII, 26.

« Dist Saül a David : De quel lignage es tu, Sire bacheler ? Respundi David : Fiz sui Ysaï de Béthléem, ki est tis huem (1). »

Ces deux fragments montrent que les vieilles versions françaises ne sont point toujours strictement littérales. Tantôt le traducteur abrège, tantôt il ajoute. Cette liberté à l'égard de l'original explique les gloses dans le goût du temps que les traducteurs se permettent. Héli, par exemple, est « evesches ; » Abner est maistre cunestables de la chevalerie » de Saül ; les serviteurs sont des « serfs », etc.

Très souvent nos vieilles versions sont remarquables par la manière aussi heureuse qu'exacte dont elles rendent les sentiments les plus fins, les plus délicats ; témoin la traduction de ce verset (*I Rois*, I, 8) :

« Sis mariz Helcana le areisuna, si li dist : Purquei plures ? Purquei ne manjures ? E purquei es tis quers en tristur ? Dun n'as tu m'amur ? Dun n'as tu mun quer, ki plus te valt que si ousses dis enfanz ? »

On a observé encore, non sans raison, que les vieilles versions françaises sont fréquemment rimées. Leroux de Lincy en donne le curieux spécimen qu'on va lire ; il s'agit de l'épouse d'Elcana qui demande au Seigneur la grâce de devenir mère.

« La dame haitée s'en parti,
La chere puis ne li chaï.
Od sun seignur, le matin, Deu aürat,
Puis a sa maisun returnad.
Deus out sa ancele en remembrance, tost conceust et out [enfant
Graces rendit al enfanter,
E Samuel le fist numer...
Puis revint le serf Deu Helchana od sa maignée, al taber- [nacle,
Pur sacrifier e festivalment offrir,
E plenerement ses vudz furnir (2). »

(1) *Ibid.*, 58.
(2) Cf. *I Rois*, I, 18, suiv.

Citons encore cette naïve traduction de *I Rois*, XVII, 35-37. David, jeune berger, raconte ses hauts faits et reçoit de Saül la mission de lutter contre Goliath.

Respundi David : Pasturel ai esté del fulc mun père ;
Quant liun u urs al fulc veneit,
E ma beste perneit.
Erranment le purservi,
Et la preie toli ;
Par la joue les pris,
E retinc, e ocis.
E cist Philistiens iert cume uns de ces.
E ore baldement encuntre lui irrai,
E la repruce de Israel enosterai.
Nostre Sires ki del liun e del urs me delivrad,
Del fort Philistien mult bien me guarrad.
Respundi Saul : Va, e Deu seit od ter (1).

Nos pères traduisirent également en français les Evangiles, les Epîtres et l'Apocalypse. La bibliothèque de l'Arsenal conserve un précieux manuscrit du XIIe siècle, où se trouvent les Evangiles de la quinzaine d'avant Pâques, en dialecte lorrain. Voici le passage où saint Matthieu rapporte l'institution de l'Eucharistie (XXVI, 26, 27) :

« Et quant il ceneivent, se prist Jhesus pain, se l'benist, et se l'briseit, se l'doneit a ses disciples et se dist : Prennez, se maingiez... Se prist assi la calice, se randeit graices, se lor doneit et se dist : Beveiz de ceu tuit, car cist est li sans del novel testament, qui par mainz iert espanduiz en remission de pechiez. »

Au XIIIe siècle et plus tard, jusqu'à la découverte de l'imprimerie, l'ardeur pour traduire les saints livres ne se ralentit point en France. Sous le règne de saint Louis, les professeurs de l'Université de Paris publièrent une version *complète* des deux Testaments. Cette Bible, où l'on retrouve le meilleur français du temps, fut si répandue, elle est restée si profondément populaire, que

(1) Voir S. BERGER, *Op. cit.*, pp. 1-70.

nulle autre traduction, jusqu'aux XVIe et XVIIe siècles, ne l'a égalée ni remplacée. Elle a servi très longtemps de base aux traductions plus récentes (1).

Vers la fin du XIIIe siècle parut la *Bible historiale* de Guyart Desmoulins, chanoine de Saint-Pierre d'Aire, en Artois. Comme le nom l'indique, cette Bible est moins une traduction qu'une « histoire », faite d'après l'*Historia scolastica* (XIIe siècle), de Pierre Comestor (2). Pendant le moyen âge elle fut aux mains de toutes les personnes qui ne savaient pas le latin ; pour les grandes dames, particulièrement, elle tenait lieu de la Bible entière.

Au XIVe siècle, l'époque la plus féconde en traductions françaises manuscrites, parurent successivement la version des *évangiles et des épîtres des dimanches et fêtes* (1336), par Jean de Vignay, hospitalier de Saint-Jacques du Haut-Pas ; — la version de Jean de Sy, dite *Bible du roi Jean* (1350-1410) ; — la version de Raoul de Presles, « ministre des requestes du roy Charles V » (1377).

Ces versions, et d'autres moins importantes que nous ne mentionnons pas, étaient souvent accompagnées de gloses fort originales ; ce qui montre en quelle estime nos aïeux avaient les saintes Écritures. Ils les lisaient et méditaient journellement. Pourtant cette lecture (en français) n'était pas conseillée à tous sans distinction, quoi qu'en aient écrit depuis les protestants. Jean Gerson disait avec sagesse : « C'est périlleuse chose de bailler aux simples gens, qui ne sont pas grands clercs, des livres de la sainte Écriture translatée en françoys, car par mauvais entendement, ils peuvent tantôt cheoir en erreur (3). »

(1) Cf. S. BERGER, *La Bible au XVIe siècle*.
(2) Voir nos *Leçons d'Introduction générale*, pp. 414-415.
(3) Cité par TROCHON, *Essai sur la Bible*, p. 120.

§ IV. — Les Bibles françaises catholiques imprimées.

La première Bible française complète (1) imprimée parut en 1487, « chez Anthoyne Verard, libraire, demeurant à Paris, sur le pont Nostre-Dame ». Le confesseur de Charles VIII, Jean de Rély, professeur à la Sorbonne et plus tard évêque d'Angers, avait été chargé de veiller sur cette plublication. La Bible française de 1487 — douze fois rééditée, de 1487 à 1545 — renferme la version (retouchée quant au style) du chanoine Guyart-Desmoulins.

En 1530, Jacques Lefèvre d'Etaples publia, à Anvers, une traduction française de la Bible, d'après la Vulgate, collationnée avec les textes originaux. Cette version fut mise à l'index, en 1546, à cause de « certaines hardiesses (2) » et innovations qu'elle renfermait. Une édition corrigée par les soins de Nicolas de Leuze et de François van Larben, parut en 1550, à Louvain.

La Bible de René Benoist, curé de Saint-Eustache, imprimée à Paris, en 1566, fut également condamnée, parce qu'elle reproduisait trop la Bible protestante de Genève.

Le XVIIe siècle vit paraître la célèbre version de Sacy, ou *Bible de Port-Royal*. Elle comprend deux parties : le Nouveau Testament, dit *de Mons* (3), œuvre des solitaires de Port-Royal, notamment de Nicole, de Pascal, d'Arnauld d'Andilly, d'Antoine et d'Isaac Le Maistre (de Sacy). Ces savants travaillèrent à leur traduction pendant plus de dix années. La partie de l'Ancien Testament fut

(1) En 1478 Barthélemy Buyer, de Lyon, avait fait imprimer la version française du Nouveau Testament de Guyart Desmoulins.

(2) Voir *Encyclopédie* de Lichtenberger, t. VIII, p. 73.

(3) Ville de Belgique où vivait Gaspard Migeol, qui prit sous son nom l'édition du Nouveau Testament (de Sacy), imprimé en 1667, à Amsterdam, chez les Elzévirs.

traduite par Isaac Le Maistre lui-même, pendant son emprisonnement à la Bastille. Commencée en 1672, l'impression ne fut achevée qu'en 1693. Cette version faite sur la Vulgate est enrichie de « Notes ». On l'accueillit en France avec enthousiasme. « On a peine à se le figurer, dit Sainte-Beuve ; ce fut non seulement chez les personnes de piété, mais dans le monde et auprès des dames, un prodigieux succès. Avoir sur sa table et dans sa ruelle ce Nouveau Testament, élégamment traduit, élégamment imprimé, était en 1667 le genre spirituel suprême (1). »

Les papes Clément IX, Innocent XI et Clément XI, ont condamné la Bible de Sacy, parce qu'elle reflète les erreurs jansénistes. Au point de vue littéraire, cette version a une réelle valeur. Elle constitue encore le fonds des versions publiées depuis en notre langue.

Au XVIIIe siècle, le bénédictin Calmet, l'oratorien Louis de Carrières et l'abbé de Vence, Etienne Rondet, retouchèrent, pour l'expurger, la Bible de Port-Royal. Dom Calmet l'édita, de 1707 à 1716, en 23 vol. in-4°, avec le texte latin de la Vulgate en regard. Mais il ajouta des introductions particulières à chaque livre, un commentaire sur les versets au bas des pages, et des dissertations sur les passages les plus difficiles ou les plus curieux. La Bible de Calmet est très répandue. L'abbé de Vence l'a complétée encore par quelques nouvelles dissertations. — On rencontre fréquemment aussi la Bible dite du P. de Carrières. Au fond c'est toujours la version de Sacy, mais avec une paraphrase qui la rend plus intelligible. De nos jours, Sionnet et Drioux ont joint cette paraphrase aux commentaires de Ménochius dans leur édition des saintes Ecritures.

Notre XIXe siècle n'est point resté en retard sur les âges précédents, soit pour le nombre, soit pour la qualité des traductions de la Bible.

Parlons d'abord des Bibles complètes. Voici une liste des plus connues : La Bible de Genoude (Paris, 1820-

(1) *Port-Royal*, t. IV, p. 271.

1824, 23 vol. in 8°). Elle fourmille d'inexactitudes. — La Bible de Bourrassé et Janvier (Tours, 1866, 2 vol. in-fol.). Elle est meilleure que celle de Genoude. — La Bible de Glaire (Paris, 1871-1873, 4 vol.). Elle est, dit Vigouroux (1), d'une rigoureuse exactitude. Le Nouveau Testament a été approuvé par Rome. — La version (inachevée) de Bayle, que l'on trouve dans la Bible dite de Lethielleux. — La Bible d'Arnaud (Paris, 1881, 4 vol. in-8°). Elle est simple et élégante. — Toutes ces traductions suivent la Vulgate.

Nous possédons encore des versions françaises partielles pour le Nouveau Testament. Les plus connues sont celle de l'abbé Dassance, vicaire général de Montpellier (Paris, 1838, 2 vol. in-8°) ; celle de Lamennais (1871), mise à l'index ; — celle de l'abbé Gaume (1864) ; — celle de H. Lasserre, mise à l'index (2) ; — celle de l'abbé Mérit (Epîtres de saint Paul), etc.

Il existe une édition de la *Sainte Bible* (en cours de publication bientôt achevée), par M. l'abbé Fillion. La traduction française qu'on y trouve est celle de Sacy, mais revisée par le docte sulpicien.

CHAPITRE IV

LA LECTURE DE LA BIBLE DANS L'ÉGLISE

§ I. — Législation de l'Eglise catholique sur la matière.

Personne parmi les catholiques ne contestera au Souverain Pontife le droit de porter des lois disciplinaires

(1) *Manuel biblique*, t. I, p. 209.
(2) Voir plus bas, p. 57.

concernant la lecture des livres saints. Sans doute, la Bible qui est « la parole de Dieu » est le « livre » par excellence; c'est là qu'on doit chercher la norme infaillible du vrai et du devoir. Saint Paul n'écrivait-il pas à son cher Timothée : *Attende lectioni... et doctrinæ... Hæc meditare, in his esto... insta in illis... Sciens quia ab infantia sacras litteras nosti* (1)? Saint Jérôme ne faisait guère que traduire saint Paul lorsqu'il recommandait à Népotien de lire journellement les saintes lettres : *Divinas Scripturas sæpius lege, imo nunquam de manibus tuis sacra lectio deponatur* (2).

C'est vrai, mais il est vrai aussi que l'Église a le droit et le devoir de reglémenter cette pratique et de prononcer si, en de certains cas, la lecture privée de la Bible n'est point plus désavantageuse qu'utile aux simples fidèles. La difficulté de comprendre toujours le véritable sens de la parole de Dieu constitue ici le danger, car — quoi qu'en disent les protestants — l'Ecriture « est hérissée de difficultés, surtout les prophéties où les énigmes se multiplient, à tel point que la difficulté de l'expression complique encore la difficulté de la pensée ». Cette remarque est de saint Jérôme (3), et le grand Docteur s'y connaissait assurément. Il ajoute ailleurs : « On ne peut entrer dans le sentier des Ecritures sans un maître qui précède et qui montre le chemin (4) ».

Les Papes se sont préoccupés souvent de la question. Innocent III en 1199, Pie IV et le concile de Trente au XVIe siècle, Clément VIII un peu plus tard, Benoit XIV et Pie VI au XVIIIe siècle; Pie VII, Léon XII, Pie VIII, Grégoire XVI et Pie IX au XIXe, ont publié des encycliques et des décrets pour restreindre la faculté que les catholiques s'arrogeaient de lire la Bible.

Tout récemment Léon XIII, dans sa constitution *Offi-*

(1) Cf. *1 Tim.*, IV, 13, 15, 16; *2 Tim.*, III, 14, 15.
(2) *Ad Nepotian.*, n. 7, 8.
(3) *Comm. in Nahum.*
(4) *Ad Paulin.* n. 16.

ciorum ac munerum (1), a formulé de nouveau la discipline de l'Eglise sur cette délicate matière.

Ses prescriptions modifient assez notablement la législation de l'ancien *Index* (2). Elles sont rangées sous deux titres : les unes concernent *les éditions du texte original* (hébreu ou grec) *et des versions en langues non vulgaires de la sainte Ecriture;* — les autres visent *les versions de la Bible en langues vulgaires.*

Sur le premier point Léon XIII décrète :

1° « Les éditions des textes originaux et des anciennes versions catholiques de la sainte Ecriture, même celles des Eglises orientales, publiées par des critiques non catholiques, quels qu'ils soient, sont permises seulement — bien qu'elles paraissent fidèles et intègres — à ceux qui s'occupent d'études théologiques ou bibliques. Une condition est exigée toutefois, c'est que ces éditions n'attaquent ni dans les préfaces ni dans les notes les dogmes de la foi catholique ».

2° « De la même manière et sous les mêmes conditions sont autorisées les autres versions de la sainte Bible éditées par des critiques non catholiques, et publiées soit en latin, soit dans une autre langue non vulgaire. »

Sur le second point — il s'agit *des versions de la Bible en langues vulgaires* — Léon XIII observe d'abord que « si les Bibles en langues vulgaires étaient autorisées sans discernement et que tous les fidèles indistinctement pussent les lire, il en résulterait, à cause de l'imprudence des hommes, plus d'inconvénients que d'avantages. » L'illustre pontife ne fait que répéter ici l'enseignement de ses prédécesseurs, depuis Innocent III jusqu'à Benoît XIV, Grégoire XVI et Pie IX.

Léon XIII poursuit :

« Toutes les versions en langues vulgaires, même celles qui sont composées par des catholiques, sont ab-

(1) Cette constitution a paru en février 1896.

(2) Comparer avec les décrets de Benoît XIV, les règles III et IV de l'Index de Trente, les Observations de Clément VIII, et le *Monitum* du 7 janvier 1836.

solument prohibées, *si elles n'ont pas été approuvées par le Siège apostolique*, ou *édictées sous la surveillance des évêques avec des adnotations tirées des Pères de l'Eglise et d'écrivains doctes et catholiques.* »

« Sont interdites aussi toutes les versions des livres saints *composées par des écrivains non catholiques* quels qu'ils soient, en toutes langues vulgaires, — et notamment *celles qui sont publiées par les Sociétés bibliques* que plus d'une fois les Pontifes romains condamnèrent ; car dans l'édition de ces traductions les lois très salutaires de l'Eglise sur la matière ont été absolument négligées. »

« Toutefois l'usage de ces versions est permis à ceux qni s'occupent d'études théologiques et bibliques, pourvu qu'on observe les conditions établies ci-dessus (1) ».

Nos lecteurs nous sauront gré de leur fournir quelques explications sur ces décrets de Léon XIII.

D'abord le paragraphe qui concerne les *textes originaux* précise et complète la discipline de l'Eglise sur le sujet. Nous n'avions dans l'ancienne législation aucune disposition qui s'appliquât isolément aux éditions des textes primitifs de la Bible. Aujourd'hui, il est stipulé en termes formels que les théologiens ou les biblistes seuls pourront se servir des éditions du texte sacré en hébreu ou en grec, publiées par des critiques non catholiques, c'est-à-dire par des savants protestants, schismatiques, rationalistes ou hérétiques en général. Les fidèles qui ne se consacrent pas à des études spéciales ne doivent pas faire usage de ces éditions. Ils peuvent toujours lire la Bible dans l'original, si l'édition est orthodoxe.

Quant aux versions anciennes ou composées en langues non vulgaires, en latin par exemple, et publiées par des critiques non catholiques, Léon XIII les permet aux biblistes et aux théologiens, à la condition expresse

(1) C'est-à-dire qu'à ces versions ne soient jointes ni notes, ni préfaces attaquant les dogmes sacrés de la foi catholique.

que ces versions ne contiennent ni prolégomènes, ni annotations contraires à la foi (1). Cette autorisation est plus large que celle du concile de Trente. Le concile avait seulement déclaré que la lecture de ces versions *pourrait* être permise en de certains cas à ceux qui étudient l'Ecriture et la théologie ; aujourd'hui la permission est donnée en principe, et pour en user pas n'est besoin de la solliciter à nouveau pour chaque cas particulier. Au reste, il n'est plus question de faire revoir les notes et prolégomènes (2) par la Faculté de théologie d'une Université catholique. Cette clause de l'ancien *Index* n'était observée jamais ou presque jamais. Léon XIII l'a supprimée. — Enfin le décret de la constitution *Officiorum* est plus précis que les décrets antérieurs, en ce sens qu'il ne maintient point la distinction établie autrefois (3) entre les livres du Nouveau Testament et ceux de l'Ancien. Désormais les traductions de toutes les parties de la Bible sont sur le même rang, et l'usage en est octroyé aux mêmes conditions et sous les mêmes réserves.

Léon XIII s'étend davantage sur les *versions* des Ecritures en langues vulgaires. Là le danger est plus grand. Aussi le pontife commence-t-il par se référer aux décisions de Trente en déclarant que, par suite de la témérité humaine, la lecture de la Bible permise indistinctement serait plus nuisible qu'utile. Il importait de rappeler cette vérité, car de nos jours plusieurs bons esprits n'en ont pas toujours été convaincus ; témoin M. Henri Lasserre qui, dans la Préface à son ouvrage : *Les saints Evangiles*, déplore que l'Evangile en langue vulgaire ne soit pas la lecture de « la multitude des fidèles ». A l'entendre « l'alanguissement de l'esprit chrétien, les défaillances de la foi, le manque de vigueur

(1) Une permission spéciale devient nécessaire dans le cas où les versions ou les éditions de versions contiendraient des préfaces et des notes hétérodoxes.

(2) Il est entendu que ce sont des notes et des prolégomènes orthodoxes.

(3) Voir la *règle III* de l'Index de Trente.

à nous défendre, l'attiédissement du zèle, l'anémie de la piété », seraient les conséquences du mépris où l'on tient « ce divin livre qui fait le fondement de notre foi. » L'Eglise pense différemment. Elle n'ignore point que la méditation des saintes lettres instruit, console, sanctifie, mais elle sait aussi que pour obtenir ces avantages le fidèle doit avoir un esprit bien préparé et un cœur docile. C'est donc avec raison qu'elle autorise à lire la Bible ceux-là seuls qui pourront retirer de cette lecture un vrai profit, savoir les théologiens qui étudient la vérité révélée dans ses sources ; les exégètes qui consacrent leurs veilles à interpréter l'Ecriture et à la défendre ; enfin tous les esprits sérieux et instruits qui, sans être théologiens ou exégètes de profession, aiment à approfondir les enseignements de la religion chrétienne, et désirent se fortifier dans la foi.

Léon XIII distingue entre versions et versions. Toute version œuvre d'un catholique, et réunissant les garanties voulues d'orthodoxie, est autorisée en principe pour tous. Pas n'est désormais besoin de permissions *individuelles* accordées sur l'avis du confesseur, comme sous l'ancienne législation de l'*Index*. La règle est générale : Sont permises « *toutes versions, faites par des catholiques, en langues vulgaires*, pourvu qu'elles soient approuvées par le Saint-Siège ou publiées avec des notes sous la surveillance des Evêques ». Les deux conditions spécifiées ici par Léon XIII doivent êtres prises séparément. Donc : 1° les versions de la Bible en langues vulgaires, *approuvées par Rome, quoique dépourvues de notes*, sont autorisées ; — 2° les versions non approuvées par Rome, *mais publiées sous la surveillance des évêques* (les Ordinaires) *et enrichies de notes empruntées à des interprètes catholiques ou aux Pères*, sont également permises à tous.

Par conséquent le Saint-Siège ne se réserve plus que l'approbation des versions bibliques n'ayant pas de notes. Il abandonne aux évêques la surveillance du reste : éditions des textes originaux, commentaires et traités de toute espèce se rattachant à la sainte Ecriture. Quiconque imprimerait ou ferait imprimer sans approbation épiscopale les livres et travaux en question encourrait la peine de l'excommunication.

Quant aux versions en langues vulgaires composées par des auteurs non catholiques, l'Eglise les a toujours condamnées sans condition. Léon XIII maintient cette discipline, sauf qu'il permet la lecture de ces traductions à certaines catégories de personnes qui la peuvent faire sans dommage pour leur foi.

Il circule de nos jours parmi nous un assez grand nombre de versions bibliques françaises hétérodoxes. La plupart sont l'œuvre de protestants ; quelques-unes sont signées de noms rationalistes. Une des plus célèbres versions protestantes françaises est celle d'Osterwald. Elle date du XVIIIe siècle ; Osterwald la publia à Neufchâtel en 1744. Les sociétés bibliques l'ont très souvent réimprimée depuis. Jusqu'à présent elle est demeurée la Bible officielle, la *Vulgate* des Eglises réformées de langue française.

Dans notre XIXe siècle les protestants en ont composé plusieurs autres.

Voici les principales pour la partie de l'Ancien Testament.

La version de Perret-Gentil (1847-1861) faite sur l'hébreu et comprenant 2 vol. in-8°. Elle est élégante, originale, indépendante. Les protestants ne l'ont point adoptée parce qu'ils y ont constaté trop de divergences avec les traductions communément en usage.

La version de Segond (in-8° 1878). « C'est, au jugement des protestants, une œuvre de valeur et dont la forme eût seule réclamé plus de soin (1). » Segond a traduit aussi le Nouveau Testament, mais cette version est moins estimée.

Nous possédons encore en français une traduction de la Bible par Ed. Reuss (Anc. et Nouv. Test.) publiée à Paris de 1874 à 1881. Vigouroux estime avec raison que

(1) Voir Douen, art. *Versions modernes* dans l'*Encyclopédie* de Lichtenberger, t. XII, p. 439.

la forme n'en vaut pas mieux que la doctrine. Les coreligionnaires de Reuss avouent eux-mêmes que le professeur de Strasbourg n'a pas su « joindre la pureté du langage à l'immense savoir qui lui permet de résoudre comme en se jouant (??) les problèmes les plus ardus (1). »

Pour la partie du Nouveau Testament on peut signaler le « Nouveau Testament de Genève », 1835 ; cette traduction est loin d'être parfaite, puisque des théologiens protestants l'ont vivement critiquée (2). — Le « Nouveau Testament » de Rillet « d'après le manuscrit du Vatican », 1858. — Le « Nouveau Testament » d'Oltramare, 1872 ; le « Nouveau Testament » de Stapper ; etc.

Toutes ces versions sont dangereuses pour la foi, parce qu'elles reflètent plus ou moins les idées hérétiques de leurs auteurs. C'est à bon droit que l'Eglise les tient pour suspectes et en défend la lecture à ses fidèles.

§ II. — Ce qu'on entend par « Sociétés bibliques ».

Les « sociétés bibliques » sont des associations de propagande fondées par les protestants. Elles ont pour but de répandre à travers le monde entier des versions de la Bible en langues vulgaires.

La première de ces sociétés date de 1647. Charles I d'Angleterre et le parlement approuvèrent l'association créée « pour la propagation de l'Evangile dans les contrées étrangères » par les Puritains et les Indépendants. L'entreprise réussit peu. D'autres essais furent tentés en 1691, 1698, et pendant la première moitié du XVIIIe siècle, mais soit manque d'organisation, soit défaut de prosélytisme, ils n'aboutirent nulle part à de sérieux résultats.

Le trouble que la Révolution française jeta partout

(1) DOUEN, *art. cit.*

(2) Voir PÉTAVEL, *La Bible en France*, p. 201-202.

dans l'ordre religieux, vers la fin du XVIIIe siècle et au commencement du XIXe, eut pour contre-coup de raviver le zèle des protestants qui s'émurent de tant de désastres. « En Angleterre, écrit Malou, l'apathie dans laquelle on croupissait depuis environ trois siècles fit place à un zèle outré qui dégénéra en véritable engouement. On vit se former une multitude de Sociétés religieuses pour la conversion des juifs, des mahométans et des idolâtres. Tous y concoururent. Depuis le ministre d'Etat jusqu'à l'humble journalier, chacun s'empressait de payer son tribut. Des premiers efforts de ce zèle naquirent en peu d'années la « Société des Missions de Londres », fondée par les sectes dissidentes en 1795, la « Société des Missions Baptistes », la « Société des missions de l'Eglise Anglicane », et une foule d'autres (1) ».

Enfin le 7 mars 1804 fut fondée à Londres la grande « Société biblique britannique et étrangère » qui devait « fournir de Bibles toute la race humaine (2) ». Elle était dirigée par un comité de trente-six membres dont six étrangers, quinze anglicans et quinze protestants appartenant à d'autres communions chrétiennes.

Bientôt cette Société-mère eut des ramifications dans tous les Etats de l'Europe, et hors de l'Europe, en Amérique, en Asie. Rien que dans l'empire britannique la Société biblique de Londres comptait, en mars 1889, 5 297 sociétés auxiliaires.

Cette vaste entreprise de propagande est alimentée par d'immenses ressources pécuniaires. Aujourd'hui les recettes annuelles atteignent le chiffre énorme de cinq millions de francs. A noter, heureusement, que notre pays n'est représenté que par une assez minime somme dans ce budget.

Les sociétés bibliques sont très actives. Elles impriment des Bibles dans tous les idiomes et dialectes. « Vers la fin de 1883 on avait publié 124 millions

(1) MALOU, *La Sainte Bible*, t. II, p. 442-443.
(2) OWEN, *Hist. de la société biblique*, t. I, p. 23.

de volumes, savoir 37 millions de Bibles complètes, 58 millions de Nouveaux Testaments, 29 millions de livres scripturaires séparés. Ces Bibles sont en langues vulgaires. On y trouve plus de 275 dialectes différents (1) ». Des colporteurs subventionnés par la « Société » parcourent les villes et les campagnes, vendant et au besoin donnant ces éditions qui ne sont d'ailleurs jamais complètes, car les deutérocanoniques, que les hérétiques appellent « apocryphes », n'y figurent jamais.

Et l'on s'étonne que l'Eglise s'émeuve d'une semblable propagande ! Léon XII, dans son encyclique du 3 mai 1824, a condamné les « Sociétés bibliques », Pie VIII (24 mai 1829), Grégoire XVI (8 mai 1844), Pie IX (8 décembre 1864) les ont pareillement et à bon droit réprouvées. Les principes de ces sociétés sont en effet contraires aux principes du christianisme touchant la propagation de la foi ; ils sont contraires à la pratique de l'ancienne Eglise, et au respect dû aux saints livres (2).

(2) Voir *Leçons d'introd. générale*, p. 429.
(3) Voir Malou, *Op. cit.*, t. II, p. 401, ss.

FIN

TABLE DES MATIÈRES

FIN DE LA TABLE

Imp. BUSSIÈRE. — Saint-Amand (Cher).

www.ingramcontent.com/pod-product-compliance
Lightning Source LLC
LaVergne TN
LVHW010000230826
846092LV00002B/570